Wolf Wetzel
Der NSU-VS-Komplex

W0194898

UNRAST

Wolf Wetzel war Autor der ehemaligen autonomen L.U.P.U.S.-Gruppe, in den 90er Jahren Mitglied im antirassistischen Plenum/Frankfurt, Mitinitiator des Aufrufes ›Die Brandstifter sitzen in Bonn‹ (Bundestagblockade anlässlich der Abschaffung des Asylrechtes 1993), und zwischen 2001 und 2007 Mitglied in der AntiNaziKoordination/ANK in Frankfurt. Seit 2011 Vorstandsmitglied von Business Crime Control/BCC Frankfurt.

Wolf Wetzel

Der NSU-VS-Komplex

**Wo beginnt der Nationalsozialistische Untergrund –
wo hört der Staat auf?**

UNRAST

Bibliographische Information der Deutschen Bibliothek
Die Deutsche Bibliothek verzeichnet diese Publikation in der Deutschen
Nationalbibliographie; detaillierte bibliographische Daten sind im Inter-
net über http://dnb.ddb.de abrufbar.

Wolf Wetzel
Der NSU-VS-Komplex
1. Auflage, April 2013
ISBN 978-3-89771-537-0

© UNRAST-Verlag, Münster
Postfach 8020, 48043 Münster
Tel. (0251) 66 62 93 | Fax: (0251) 66 62 20
www.unrast-verlag.de | kontakt@unrast-verlag.de
Mitglied in der assoziation Linker Verlage (aLiVe)

Umschlag: UNRAST Verlag, Münster
Satz: UNRAST Verlag, Münster
Druck: CPI – Ebner & Spiegel, Ulm

MIX
Papier aus verantwor-
tungsvollen Quellen
FSC® C006701

Inhalt

Vorwort

Mit 14 Jahren erzählte mir mein Vater empathisch von seinen Kriegs-erlebnissen. Sie waren spannend und ich hörte ihm gebannt zu. Er erzählte, wie er ein Stilett in den Hals bekam, als er ein Haus in Jugoslawien nach Verdächtigen durchsuchte, wie er 1944 hinter den feindlichen Linien im Nahkampf durch einen Spatenstich schwer verletzt wurde, als sie mit dem Panzer auf Hirschjagd gingen. Ich war stolz auf meinen Vater. Das war um das Jahr 1968 herum.

Nicht nur meine Eltern gehorchten dem NS-Staat, es wimmelte nur so von Nazis im Nachkriegsdeutschland. Viele hatten führende Ämter in der Bundesrepublik Deutschland inne. Das aber erfuhr man weder von den Eltern, noch in der Schule, in der ebenfalls viele Nazis jetzt Demokratie lehrten.

Es waren die 1968er Bewegungen, die an unser Ohr drangen, die das untergründige Unbehagen in der Familie, in der Schule und bei der Arbeit erklärten, entschlüsselten, herausschrieen.

Plötzlich wusste man, dass ein amtierender Ministerpräsident (Filbinger, CDU) als Marinerichter Todesurteile ausgesprochen hatte, dessen Vorgänger im Amt und späterer Bundeskanzler (Kiesinger, CDU) führender Mitarbeiter im Reichsaußenministerium war, dass viele Bosse in Politik und Wirtschaft führende Nazis waren.

Heute wissen wir, dass in fast allen Behörden, in fast allen staatlichen Institutionen über 50 Prozent des leitenden Personals ehemalige NSDAP-Mitglieder und auch SS-Angehörige waren. Besonders hoch war der Anteil in den nicht ganz neu aufgebauten Geheimdiensten (Organisation Gehlen/BND) und in der Polizei.

Das war der nationalsozialistische Untergrund derjenigen Generation, die für Deutschland die ›Stunde Null‹ ausgerufen hatte.

Ende der 70er Jahre wurde das oft unterschwellige, das nicht offensichtliche sichtbar: Es entstanden viele neofaschistische Kameradschaften, viele neonazistische Gruppierungen, deren Hauptziel die Link war. Die Zahl der rassistischen Überfällen, der bewaffneten Auseinandersetzungen wuchs.

Schließlich kam es auch zu terroristischen Aktionen, wie dem Bombenanschlag auf das Oktoberfest in München 1980. Im ganz Westeuropa kam es zu solchen Anschlägen, die nur ein einziges Ziel verfolgten:

>»Man musste Zivilisten angreifen, die Bevölkerung, Frauen, Kinder, Unschuldige, Unbekannte, die mit der Politik nichts zu tun hatten. Der Grund dafür war einfach. Die Anschläge sollten das italienische Volk dazu bringen, den Staat um größere Sicherheit zu bitten. [...] Diese politische Logik liegt all den Massakern und Terroranschlägen zu Grunde, welche ohne richterliches Urteil bleiben, weil der Staat sich ja nicht selber verurteilen kann.« (Prozessaussage von Gladio- und Ordine Nuovo-Mitglied Vincenzo Vinciguerra, 1990)

Diese Strategie des Terrors war in Italien besonders furchtbar (wie der Bombenanschlag auf den Hauptbahnhof in Bologna 1980, wo 85 Menschen ermordet und über 200 verletzt wurden). Das Anwachsen neofaschistischer Gruppierungen, die bewaffnet und gezielt linke Projekte angriffen, Menschen zusammenschlugen und ermordeten, die nicht ihre Hautfarbe hatten oder ihre neofaschistische Gesinnung nicht teilten, wurde zu einem (west)europaweiten Phänomen.

Das offene, das geradezu demonstrative Auftreten, das Gewähren-lassen vonseiten staatlicher Stellen, das Bagatellisieren neofaschistischer Überfälle als Taten einzelner ewig Gestriger, der beständige Versuch der Regierenden, für diese Terrortaten die Linke verantwortlich zu machen, machte damals nicht nur mich stutzig.

20 Jahre später lagen die Beweise vor: Es gab in vielen Ländern Europas, besonders dort, wo die außerparlamentarische Linke stark war, eine systematische Zusammenarbeit von neonazistischen Gruppierungen mit Polizei- und Geheimdienststellen. Man bewaffnete sie, man ließ sie Depots anlegen, man besorgte ihnen Sprengstoff, man schützte sie vor Strafverfolgung, man gab ihnen Hinweise über ihre Gegner aus der parlamentarischen wie außerparlamentarischen Linken. In Italien bekamen diese staatsterroristischen Aktivitäten den Namen ›Strategie der Spannung‹.

Der Aufbau und die Bewaffnung neonazistischer Terrorgruppen war ein transnationales Unternehmen. Sie wurden von NATO-

Stellen geleitet, in den jeweiligen Ländern über die Geheimdienste umgesetzt. Das Programm nannte sich >Gladio< und sah vor, in Krisensituationen, in bürgerkriegsähnlichen Zuständen neofaschistische Kampfverbände hinter den Linien einzusetzen, um so einen illegalen, schmutzigen Krieg zu führen, der je nach nationalen Bedingungen auch die Liquidierung linker ParlamentarierInnen einschloss. Die Verflechtung, die Zusammenarbeit von neofaschistischen Gruppierungen und staatlichen Organen wurde damals, als dieser Verdacht aufkam, vehement zurückgewiesen. Im schlimmsten Fall sprach man von Ungereimtheiten, von tragischen Pannen – wie heute. Wer damals hingegen eine Systematik vermutete, wurde als VerschwörungstheoretikerIn lächerlich gemacht. Heute ist dieser Staatsterrorismus eine bewiesene Tatsache.

Wieder zwanzig Jahre später, wollte ich auch biografisch, familiengeschichtlich dieser Blutspur nachgehen. Die Kriegsabenteuer meines Vaters bekamen einen anderen Ton, eine andere Farbe. Ich machte mich auf, die Wehrmachtsakten meines Vaters zu studieren. Ich bekam heraus, dass er sich mit 17 Jahren freiwillig zur SS meldete, dass das, was er für Kriegsabenteuer hielt, Kriegsverbrechen waren: Er war an der Partisanenbekämpfung in Jugoslawien genauso beteiligt gewesen wie an dem letzten Versuch von SS-Verbänden, noch einmal bis Budapest zu gelangen, um die begonnene Ermordung der dort lebenden Juden zu vollenden.

2012 verurteilte das Amtsgericht Dresden den Antifaschisten Tim H. zu einem Jahr und 10 Monaten Haft – ohne Bewährung. Es sah es als erwiesen an, dass Tim H. im Zuge der Gegendemonstrationen gegen einen Neonaziaufmarsch am 19. Februar 2011 in Dresden folgende Straftaten begangen habe: Körperverletzung, besonders schwerer Landfriedensbruch und Beleidigung. Letztere soll er mit dem Wort »Nazi-Schwein« gegenüber einem Polizeibeamten begangen habe. Die beiden schweren Straftaten habe er zwar nicht selbst begangen, aber so gut wie: Mittels eines Megafons habe er andere dazu »aufgeheizt«, was den Richter zu dem Fazit führte: »*Was andere getan haben, müssen Sie sich mit anrechnen lassen.*«

Damit habe er sich der Mittäterschaft nach § 25, Absatz 2 StGB schuldig gemacht. Ein Paragraph, der in seinen traumwandlerischen Ausdeutungen darlegt, wie man Täter ohne Tat werden kann:

> »**Mittäter** ist, wer nicht nur fremdes Tun fördert, sondern einen eigenen Tatbeitrag derart in eine gemeinschaftliche Tat einfügt, dass sein Beitrag als Teil der Tätigkeit des anderen und umgekehrt dessen Tun als Ergänzung seines eigenen Tatanteils erscheint. (...) Für eine Tatbeteiligung als **Mittäter** reicht ein auf der Grundlage gemeinsamen Wollens die Tatbestandserfüllung fördernder Beitrag aus, der sich auf eine Vorbereitungs- oder Unterstützungshandlung beschränken oder in einer geistigen Mitwirkung liegen kann.« (http://www.wiete-strafrecht.de/User/Darstellung/StGB/25%20 StGB.html#mittaeterschaft)

Lässt man dieses Urteil einmal so stehen und geht man von dem Gebot der Rechtsgleichheit aus, dann wird eine *Anklage wegen Beihilfe zu Mord* in mindestens neun Fällen, für die der Nationalsozialistische Untergrund (NSU) verantwortlich gemacht wird, gegen die zwischen 2000 und 2006 amtierenden Innenminister von Thüringen und Sachsen, gegen die Behördenchefs der Verfassungsschutzämter in Thüringen und Sachen und gegen den Chef des Bundesamtes für Verfassungsschutz (BfV) zu einem revisionssicheren, der Abschreckung dienenden Urteil zwischen drei und fünfzehn Jahren führen.

Genügen in diesem Land zur Verhängung einer Haftstrafe von fast zwei Jahren, ein Megafon und ein Gesetz, dem »geistige Mitwirkung« als Straftat völlig ausreichen, dann kann man im Fall der längst fälligen Prozesse gegen führende Staatsbeamte von einem *Berg an Beweisen* ausgehen, von der Evidenz zahlreicher Tatbeiträge, ohne die es den NSU keine dreizehn Jahre hätte geben können.

Das sind einige der Gründe, warum ich dieses Buch geschrieben habe.

Kapitel I
Der Nationalsozialistische Untergrund (NSU), der Verfassungsschutz (VS), der Rassismus und der Terrorismus – eine Zwischenbilanz und Aufforderung zugleich

Am 17. April 2013 wird in München der Prozess gegen Beate Zschäpe und weitere vier Neonazis wegen Mitgliedschaft in bzw. Unterstützung einer terroristischen Vereinigung nach § 129a und Beihilfe zu Mord eröffnet. Laut Anklageschrift bestand der Nationalsozialistische Untergrund aus drei Mitgliedern, das letzte lebende Mitglied soll Beate Zschäpe sein.

Die Frage der Verwicklung staatlicher Behörden in die NSU-Morde ist ebenfalls bereits geklärt: »Es gab bei unseren Ermittlungen keine tragfähigen Hinweise auf eine strafrechtlich relevante Verstrickung staatlicher Stellen in die Straftaten des NSU«, bekräftigte Generalbundesanwalt Harald Range in Karlsruhe. (Deutschland today vom 12.12.2012)

Ebenso will die Generalbundesanwaltschaft keine Belege dafür gefunden haben, dass es »Verflechtungen des NSU mit anderen Gruppierungen« (FAZ vom 8.11.2012) gab.

Damit will die Generalbundesanwaltschaft etwas justiziabel machen, was seit zwei Jahren kolportiert wird: Der Nationalsozialistische Untergrund ist ›das Zwickauer Terrortrio‹, Beate Zschäpe das letzte lebende Mitglied. Damit ist bereits vor Beginn des Prozesses alles entschieden, alles wieder gut: Den NSU gibt es nicht mehr.

Die Frage ist also nicht, wer ab dem 17. April 2013 auf der Anklagebank sitzt, was dort verhandelt werden soll. Die Frage ist vielmehr, wer *nicht* vor Gericht steht, was alles *nicht* verhandelt werden soll.

Der Prozess ist auf zwei Jahre angesetzt. Viel, sehr viel Zeit, um das herauszufinden, was mit diesem Prozess verhindert werden soll!

Dreizehn Jahre lang wusste niemand in den zahlreichen Strafverfolgungsorganen, dass es eine neonazistische Terrorgruppe namens

>Nationalsozialistischer Untergrund< gibt. Nachdem die Existenz des NSU Ende 2011 nicht mehr zu verheimlichen war, wussten alle, die Polizei, die Geheimdienste, die Innenministerien, die Generalbundesanwaltschaft und alle Leitmedien, dass der NSU aus exakt drei Mitgliedern besteht. Weder fünf, nicht zwanzig, noch eine bislang unbekannte Zahl. Exakt drei! Nachdem alle (Straf-)Verfolgungsbehörden 13 Jahre lang >im Dunkeln tappten<, nachdem 13 Jahre absolute Finsternis herrschte, folgte gleißende, gebündelte Erleuchtung.

Seitdem ätzt sich das Wort >Mord*trio*< ins öffentliche Gedächtnis und die gesamte Presselandschaft folgt zwanglos dieser Diktion. In manchen Ländern Europas müsste eine solche >Sprachreglung< mit Drohungen und Repressionen durchgesetzt werden – in Deutschland nicht.

In anderen Staaten, beispielsweise in Russland, in Syrien, im Iran, wäre diese voll synchronisierte Eingebung typisches Merkmal eines autoritären, diktatorischen Regimes.

Nun sind über zwölf Monate vergangen, seit öffentlich geworden ist, dass das, was dreizehn Jahre lang irgendwelchen kriminellen ausländischen Milieus zugeschrieben worden war, eine beispiellose neonazistische Mordserie war.

Eine neonazistische Mordserie, bei der die einflussreichsten Helfer des Nationalsozialistischen Untergrundes nicht aus den Reihen der Kameradschaften oder aus Blood-&-Honour-Gruppierungen kamen, sondern aus dem staatlichen >Sicherheits<apparat.

Seitdem alle Ahnungslosen lückenlose Aufklärung versprechen, reiht sich ein >einmaliger Vorgang< an den anderen: Vertuschungen, Täuschungen, Vernichtung und Unterschlagung von Beweismitteln, Aktenmanipulationen, Falschaussagen usw. ...

Noch nie in der Geschichte der BRD standen staatliche Sicherheits-/Verfolgungsbehörden so sehr in der öffentlichen Kritik. Noch nie gab es ein solch konzentriertes Chef-Sterben. Wie Domino-Steine fallen die Köpfe von Behörden: Der vorläufig letzte war der Chef des Verfassungsschutzes in Sachsen-Anhalt.

Allerdings ein Chefsterben der Luxus-Klasse: Entlassung bei vollen Bezügen, sicheres Geleit in den vorzeitigen Ruhestand, komfortable Versetzungen.

Noch nie gab es in Deutschland ein organisiertes Verbrechen, das – angesichts erdrückender Beweise – so straffrei blieb. Noch nie waren die Zweifel an der Notwendigkeit von Geheimdiensten, sei es der Verfassungsschutz oder der MAD so laut, so prominent. Noch nie gab es eine solch hochkarätige Chance, das, was man für falsch hält, was man als Verdacht geäußert hat, was man im schlimmsten Fall befürchtet hat, im Detail zu belegen.

Eigentlich *die* Chance für eine kritische Öffentlichkeit, für die Linke, hier die Verfolgung aufzunehmen, den Spieß endlich umzudrehen. Schließlich hat die Linke in vielerlei Hinsicht Erfahrungen damit, was die Geheimdienste können, was Geheimdienste und Strafverfolgungsbehörden selbst dann aus etwas machen, wenn sie rein gar nichts in der Hand haben ...

Und gerade deshalb ist aus Ausbleiben einer politischen, eigenständigen Aktion so schwer zu verstehen. Zehntausend verhinderten mit Blockaden Neonazi-Aufmärsche in Dresden. Warum blockieren nicht Zehntausend ein Landesamt für Verfassungsschutz? Warum blockieren nicht 20.000 das Bundesamt für Verfassungsschutz?

Keine Frage: Viele werden sagen, dass sich jetzt doch nur darin bestätigt werden, was sie seit Jahren, seit Jahrzehnten rufen und sagen: »*Deutsche Polizisten schützen die Faschisten*«. Und natürlich brauchen viele Linke keine zusätzlichen Beweise dafür, dass der Verfassungsschutz abgeschafft gehört.

Auf den ersten Blick einleuchtend, auf den zweiten ziemlich falsch: Noch nie bot sich der Linken ein solch präziser Einblick in Verfolgungsorgane. Noch nie bot sich so viel Material, die Legende vom Rechtsstaat zu zerstören. Noch nie zeigten sich staatliche Strukturen auf eine Weise, die die Frage beantworten hilft: Um was für einen Staat handelt es sich heute? Um einen Überwachungsstaat? Um einen tiefen Staat, in dem sich Staatsterrorismus und demokratische Wahlen nicht ausschließen? Um einen Staat, der operative Kerne herausgebildet hat, die weder institutionell legitimiert sind, noch parlamentarisch kontrolliert werden? Operative Kerne, für die Terrorismus und Unterstützung von terroristischen Aktionen kein Problem sind, sondern konstituierendes Moment?

Wem die Verfasstheit dieses Staates nicht egal ist, wer in seiner Kritik nicht nur radikal sein will, sondern sie im Detail belegen und begründen will, der sollte sich angesichts der vielen Skandale rund um die neonazistische Mordserie nicht müde abdrehen, sondern hellwach hinschauen.

Dies ist auch ein wesentlicher Grund dieser Recherche: Genau und präzise zu belegen, was viele Wenige in den 70er und 80er Jahren für möglich hielten und aufgrund vergleichsweise weniger >Beweise< als wilde Spekulation abgetan werden konnte.

Heute fehlen nicht die Belege für einen Staatsterrorismus, ohne den die Mordserie des NSU nicht möglich gewesen wäre – es fehlt der Mut, aus der Geste >*Das haben wir doch schon immer gewusst*< herauszutreten, aufzuhören, recht zu haben und anzufangen, an den Verhältnissen etwas zu verändern.

Noch nie in der Geschichte der BRD war die Chance so greifbar, das, was man schon immer wusste, aus einer radikalen Geste in politisches Handeln zu verwandeln.

Man kann sich darüber beklagen, dass es für diesen bevorstehenden Prozess in München zu wenige ZuschauerInnenplätze gibt. Man kann auch froh darüber sein und die Zeit nutzen, außerhalb der Gerichtsbarkeit dafür zu sorgen, dass das, was im Gericht zur Sprache kommt, nicht das letzte Wort sein wird.

Bei der Suche nach Antworten, die von der offiziellen Version abweichen, wird man bevorzugt von denen, die beweisfreie Räume anlegen, mit dem Bannstrahl der Verschwörungstheorie belegt.

Aus diesem Grunde möchte ich allen LeserInnen meine Arbeitsbedingungen und Arbeitsweise offenlegen, anhand derer meine Analysen und Antworten überprüfbar sind:

Man darf davon ausgehen, dass vielleicht fünf Prozent von dem öffentlich sind, was den Komplex >NSU-VS-MAD< umfasst. 95 Prozent der Geschehnisse liegen im Dunkeln. Das liegt nicht an den Lichtverhältnissen, sondern an dem konzertierten Willen vieler Behörden, taterhebliche Erkenntnisse zu leugnen, Akten verschwinden zu lassen, mit Falschaussagen zu täuschen, Beweismittel verschwinden zu lassen.

Im Dunkeln kann niemand etwas sehen, auch wenn man sich an die Dunkelheit gewöhnt hat. Es macht also keinen Sinn über diese 95 Prozent zu spekulieren, dort Mutmaßungen anzustellen. Aus diesem Grunde stützen sich die folgenden Einschätzungen auf die fünf Prozent an Informationen, die uns allen zur Verfügung stehen.

Kapitel II

Der institutionalisierte Rassismus: die Spur von den Pogromen in den 90er Jahren über die Abschaffung des Asylrechts zum Nationalsozialistischen Untergrund

Der Thüringer Heimatschutz (THS), aus dem der Nationalsozialistische Untergrund (NSU) hervorging, war nicht vom Himmel gefallen. Er wurde Anfang der 90er Jahre gegründet und spielte innerhalb der Neonaziszene, weit über Thüringen hinaus, eine bedeutende Rolle. Sektionen des THS gab es in Saalfeld/Rudolstadt, Gera, Jena, Sonneberg, Gera und Eisenach. Je nach Zählweise hatte der THS zwischen 120 und 150 aktive Mitglieder. Ausgezeichnete Beziehungen pflegte der THS zu >Blood-&-Honour<-Gruppierungen, die sich offen zu einer >weißen<, arischen Terrorstrategie, zum >Rassenkrieg< bekennen.

Der neonazistische THS agierte nicht im Verborgenen, sondern ganz offen. Er organisierte Gedenkmärsche für Rudolf Hess, Nazi-Konzerte, führte Aufmärsche durch, griff immer wieder linke Projekte an, veranstaltete Fussballtuniere und traf sich zu >Stammtischen<.

Nicht einmal dem Verfassungsschutz ist diese neonazistische Gruppierung verborgen geblieben: In zahlreichen Verfassungsschutzberichten wird explizit auf die größte neonazistische Gruppierung in Thüringen hingewiesen.

Um zu verstehen, wie eine solche Gruppierung in so kurzer Zeit so viel Aufsehen erregen und Schrecken verbreiten konnte, muss man die 90er Jahre in Erinnerung rufen und etwas genauer beschreiben.

Wenn es eine Zeit nach 1945 in Deutschland gab, in der Rassismus, Nationalismus und Antisemitismus fast so etwas wie einen Grundkonsens dieser Gesellschaft bildeten, dann waren es die 90er Jahre. Zweifelllos spielten dabei der Zusammenbruch des >real<sozialistischen Ostblocks, die Implosion der Deutschen Demokratischen Republik (DDR), die Erschöpfung der außerparlamentarischen/radikalen Linken in Europa, der Triumphzug eines Kapitalismus, der sich für das

Ende der Geschichte hält (*There Is No Alternative* – *to capitalism/* TINA) eine kumulative Rolle.

Auch wenn sich die Häufigkeit rassistischer Angriffe und die stattgefundenen Pogrome geradezu gleichmäßig über alle Bundesländer verteilten, so ist es dennoch wichtig, kurz die unterschiedlichen gesellschaftlichen Bedingungen anzureißen, die die verschiedenen Staatsverfassungen zurückgelassen haben.

Die Gründung der DDR fand eine schier aussichtlose Situation vor: Der in die Verfassung eingelassene antifaschistische Auftrag war nicht Wunsch der Mehrheit in der neu gegründeten Republik, sondern Ergebnis der militärischen Niederlage und das Projekt einer Minorität von AntifaschistInnen, die überlebt hatten, die aus der Emigration zurückgekehrt waren. Der dortige antifaschistische Grundkonsens war also nicht das Ergebnis einer inneren politischen Überzeugung, sondern zuallererst der einer Anpassung an die neuen Machtverhältnisse (Enteignung von Naziaktivisten und Kriegsverbrechern, Entlassung von »aktiven Nazis« aus dem Staatsdienst und aus allen politischen Ämtern, Verbot von faschistischen Organisationen etc.). Daran änderte auch die unermüdliche Überzeugungsarbeit der wenigen AntifaschistInnen in der DDR nicht viel. Antifaschismus lässt sich nirgendwo auf der Welt von oben verordnen.

So verwundert es nicht, dass mit dem Zusammenbruch der DDR viele junge Menschen mit der festen Überzeugung ins Leben traten, nun sei Faschismus nicht mehr verboten. Und die vielen älteren BürgerInnen, die den SED-Sozialismus und verordneten Antifaschismus so duldsam und autoritätshörig hingenommen hatten, wie die BürgerInnen im Westen den Kapitalismus und die Lehren von Auschwitz, ließen ihrer völkischen und rassistischen Grundhaltung wieder freien Lauf.

In Westdeutschland wurden die meisten neonazistischen Gruppierungen und Kameradschaften vom Staat nicht verfolgt, schon gar nicht verboten. Aber sie stießen ab Ende der 60er Jahre auf eine recht große, breite bis militante Bereitschaft, Neonazis keinen Fußbreit an Boden zu überlassen. In den Großstädten misslangen in aller Regel ihre Versuche, Fuß zu fassen, auch wenn sie auf dem Lande durchaus Erfolg hatten, sich dort als nationale Alternative zu etablieren. Mit dem Ende der DDR verschmolzen neonazistische Kader im Westen mit einem Lebensgefühl ›Freigesetzter‹, die sich im Kapitalismus so wenig aufgehoben fühlten, wie im Sozialismus der DDR. Denn das, was sich sicherlich alle erhofften, ein materiell besseres Leben und ›mehr Freiheiten‹, entpuppte sich sehr schnell als ein Leben für Wenige. Viele erlebten die ›Wende‹ eben nicht als Freigänger ›blühender Landschaften‹, sondern als ein äußerst schwieriges Unterfangen, die Spielregeln des Kapitalismus zu verstehen, sich daran zu behaupten.

Zweifellos gibt es keinen Automatismus, der Enttäuschungen in rassistische und nationalistische Ideologien und Lebensläufe überführt. Doch die einzige Opposition, die nicht in eine konformistische Rebellion der (Selbst-)Unterwerfung führt, schien mit dem gescheiterten Sozialismus in der DDR obsolet geworden zu sein. Die zaghaften Versuche der DDR-Opposition, einen dritten Weg einzuschlagen, wurden bekanntlich sehr schnell an den Rand gedrängt. Aus einer Opposition, mit dem potenziell staats- und herrschaftskritischen Ruf ›Wir sind *das* Volk‹ wurde ein nationaler Urschrei ›Wir sind *ein* Volk‹. Damit war das Terrain für eine nationale, rassistische Beantwortung der sozialen Frage geschaffen. Anstatt die neue politische und ökonomische Klasse anzugreifen, wurden die Flüchtlinge, die AsylbewerberInnen zum Staatsfeind Nr. 1 rassistischer, neofaschistischer Ideologien. Das war auch der politischen Klasse, die um die Wiedervereinigungsrendite bangen musste, mehr als recht.

Dieser nationale, rassistische Kitt sollte über die nächste Jahre hinweg West und Ost, oben und unten auf blutige und mörderische Weise einen.

Das Boot ist voll

Anfang der 90er Jahre wurde generalstabsmäßig eine ›Asyldebatte‹ entfacht. Die Allgegenwärtigkeit und Medienpräsenz dieser Kampagne lagen nicht in den Händen neonazistischer Organisationen. Sie wurde von etablierten Parteien, von der Großen Koalition aus CSU/CDU/FDP/SPD und fast allen bürgerlichen Medien ins Leben gerufen: »Am 12.9.1991 etwa stellte CDU-Generalsekretär Volker Rühe allen CDU-Fraktionen in Stadträten und Landtagen Muster-Presseerklärungen zur Verfügung, um systematisch >die Asylpolitik zum Thema zu machen<. Bundeskanzler Helmut Kohl sprach am 24.10. 1992 hochtrabend vom >*Staatsnotstand*<.« (Cord Pagenstecher, >Das Boot ist voll< – Schreckensvision des vereinten Deutschland). Ein Staatsnotstand, für den etwa. 450.000 Flüchtlinge, die 1992 in Deutschland Asyl beantragten, verantwortlich gemacht werden sollten:

> »Die Grenze der Belastbarkeit ist überschritten. Die Situation hat sich dramatisch zugespitzt. Wenn jetzt nicht gehandelt wird, stehen wir vor der Gefahr einer tiefgehenden Vertrauenskrise gegenüber unserem demokratischen Staat, ja – ich sage es mit Bedacht –, eines Staatsnotstandes. Die Menschen erwarten von uns schnelle Lösungen, und zwar Lösungen, die greifen, die dem Missbrauch des Asylrechts wirksam einen Riegel vorschieben.« (Helmut Kohl, auf dem CDU-Sonderparteitag in Düsseldorf 1992)

Die SPD stand dieser rassistischen Kampagne in nichts nach:

> »Wir können nicht der Lastesel für die Armen der Welt sein. [...] Der Unmut bei den Menschen ist riesig. Glauben Sie denn, dass die ruhig hinnehmen werden, wenn Millionen Ausländer ungeordnet in unser Land fluten?« (Georg Kronawitter (SPD), am 7. September 1992 in einem Spiegel-Gespräch)

Diese Allparteien-Politik spiegelte sich auch in den Medien wieder. »*Fast jede Minute ein neuer Asylant – Die Flut steigt, wann sinkt das Boot?*«, titelte die Bild-Zeitung vom 2.4.1992. Der Spiegel nahm das Zuspiel an und versenkte den Ball: »*Das Boot ist voll*« (Titel-Aufmacher 9/1992)

Mit diesem Gefühl, in guter, bester Gesellschaft zu sein, war fortan klar, dass Menschen, die in Deutschland Zuflucht suchten, an allem schuld sind: an den Drogen, an der Kriminalität und Entfremdung, an der Überforderung von BürgerInnen und Staat, an Migräne und Schlaglöchern und natürlich auch am Rassismus.

Politische Enttäuschungen und soziale Unzufriedenheiten, aber auch der von allen Parteien wieder aufpolierte Stolz, ein Deutscher zu sein, bekamen ein staatlich-zugewiesenes, rassistisch markiertes

Opfer: die Ausländer, die Flüchtlinge, die >Scheinasylanten< und die Juden, die in allen stecken, hinter allem stehen.

Das Trommelfeuer fast aller Medien und aller Parteien der >Großen Koalition< zeigte Wirkung und wurde verstanden: Im Februar 1992 sprachen sich nach einer Emnid-Umfrage 74 Prozent der Befragten für eine Grundgesetzänderung zur Reduzierung der Zahl der Asylsuchenden aus.

»Asyl: Die Politiker versagen« (Der Spiegel vom 6.4.1992) – Der Aufreißer war unterlegt mit einem Foto, das den Andrang von Flüchtlingen in der Zentralen Asylstelle in Berlin-Moabit zeigte. Viele verstanden den Spiegel-Aufmacher so, wie er gemeint war: als Aufruf, es selbst in die Hand zu nehmen. Ein Hilferuf von oben bis nach ganz unten.

Die Benzinspur war politisch und medial gelegt: Jetzt musste sie nur noch entzündet werden. Eine ungeheure Pogromwelle zog durch das wiedervereinigte Deutschland. Eine Mordwelle, die bereits in den ersten beiden Jahren über dreißig Menschen das Leben kostete und denen, die gemeint waren, das Leben zur Hölle machte.

Inbegriff dieser mörderischen Allianz wurde Rostock-Lichtenhagen 1992, als dort ein Flüchtlingsheim tagelang belagert wurde und als es schließlich lichterloh brannte, bereitstehende Hundertschaften >Pause< bzw. >Schichtwechsel< machten. Die (außerparlamentarische) Linke war dieser Allianz aus Regierungspolitik und deutsch-nationaler Pogromstimmung nicht gewachsen. Wenn sie intervenierte, Schutz von Flüchtlingsheimen organisierte, stand sie in aller Regelmäßigkeit einem Großteil der Bevölkerung, LokalpolitikerInnen und aus dem Boden schießenden neonazistischen Schlägertrupps gegenüber, die in erschreckend kurzer Zeit >national befreite Zonen< schaffen konnten, in denen linke >Zecken< und alles, was nicht deutsch aussieht und fühlt, bedroht waren. Hinzu kamen >Todeslisten< von sogenannten Anti-Antifas, von neonazistischen Kadern, auf denen namentlich aufgeführt Linke standen, deren Beseitigung sie versprachen bzw. ankündigten. Zu diesen Anti-Antifas zählte auch die *Anti-Antifa Ostthüringen*, aus der schließlich der Thüringer Heimatschutz hervorging.

Wie weit diese Bedrohung reichte, brachte Ralph Giordano 1993 öffentlich zum Ausdruck:

> »Wir Überlebende des Holocaust und unsere Angehörigen, wir werden unseren Todfeinden nie wieder wehrlos gegenüber stehen – niemals! ...
> Es ist Euer verdammtes Recht, Euren Schutz selbst zu besorgen, wenn der Staat Euch nicht schützen kann. Kein Gehör den Klugscheißern, die selbst unbedroht sind, aber weise Ratschläge erteilen wollen. Kein Gehör nach Solingen mehr denen, die uns weis machen wollen, im >Rechtsstaat< habe man sich lieber von seinen Todfeinden abschlachten zu lassen, ehe man Überlegungen des Selbstschutzes anstellen darf. Nicht diese Überlegungen sind das Delikt – das Delikt sind jene Zustände, die solche Gedanken hervorgerufen haben.« (Aufruf des Schriftstellers Ralph Giordano: >Es ist an uns zu handeln<, *taz* vom 1.6.1993)

Zwei Jahre lang – bis zum Mordanschlag in Mölln am 22.11.1992 – galt als Regierungsstil und die im Regierungsstil vorgetragene Beileidsbekundung: Zuerst bedauerte man den neusten > ausländerfeindlichen Übergriff<, je nach Verletzungsgrad, auch mit Entsetzen, um im zweiten Halbsatz die Dringlichkeit einer Grundgesetzänderung, die Abschaffung des Asylrechts ins Zentrum der eigentlichen Aussage zu rücken.

1993 war es dann soweit: Was Neonazis und anständige Deutsche, mit Springerstiefeln und im Anzug, mit Hass und verständlicher Sorge jahrelang, unter Schirmherrschaft einer Großen Koalition, im >Einzelfall< betrieben, wurden systematisiert, verstaatlicht, verrechtlicht: Am 26.5.1993 verabschiedete der Deutsche Bundestag mit einer satten 2/3 Mehrheit die De-facto-Abschaffung des Asylrechts (Grundgesetzartikel 16).

Dass hier Menschen leben, die zu viel sind, die hier nichts zu suchen haben, ist keine neonazistische Erfindung, sondern der breite, parteiübergreifende Konsens, mit dem die Abschaffung des Rechts auf Asyl durchgesetzt werden konnte.

Fortan umgab sich Deutschland mit der Erfindung >sicherer Dritt-staaten<, in die Flüchtlinge sofort abgeschoben werden konnten. Für Flüchtlinge war Deutschland nicht mehr erreichbar. Und wer es den-noch – per Flugzeug – schaffte, nach Deutschland zu kommen, den erwartete eine bis auf 98 Prozent ansteigende Ablehnungsquote von Asylanträgen – die sichere Rückkehr in Hunger, Folter und Tod.

Der Weg von der Abschreckung, Diskriminierung und Stigmatisierung von Flüchtlingen zu körperlichen Angriffen, Terror bis hin zu Mord

Ist es ein Zufall, dass der Thüringer Heimatschutz, aus dem der NSU hervorging, seine Wurzeln in jener Zeit hat, wo kaum ein Tag verging, an dem nicht ein Flüchtling, ein Mensch, der nicht deutsch genug aussah, bedroht bzw. angegriffen wurde?

Welche Schlussfolgerungen sollten neonazistische Gruppen aus dem Fakt ziehen, dass alle Parteien die >berechtigten< Sorgen mordlustiger BürgerInnen ernst nahmen, mit ihnen gemeinsam vor Überfremdung und Überforderung warnten, die von der Existenz der Flüchtlinge ausgehe, die hier Schutz suchten?

Ist es richtig, dass die Evakuierung des Flüchtlingsheimes in Hoy-erswerda 1991, nachdem es tagelang belagert wurde, als ein Sieg de-rer zu verstehen ist, die Flüchtlinge zum Teufel wünschten?

Was sollten neonazistische Gruppierungen für einen Schluss ziehen, wenn Flüchtlingsheime belagert, angegriffen und niederge-brannt werden und die Polizei schaut zu, greift nicht ein – wie bei dem Pogrom in Rostock 1992?

Welchen Schluss sollten neonazistische Gruppen aus der Tatsache ziehen, dass alle parlamentarisch vertretenen Parteien (mit Ausnahme der Grünen) die Flüchtlinge als ein Problem definierten?

Welchen Schluss sollten neonazistische Gruppen aus dem Um-stand ziehen, dass nach den zahlreichen Pogromen, denen Dutzende zum Opfer gefallen waren, eine Zweidrittelmehrheit im Bundestag die Abschaffung des Asylrechts beschloss?

Bestätigt der Umstand, dass Flüchtlinge bewusst menschenunwür-digen Umständen ausgesetzt werden, kaserniert, der Residenzpflicht unterworfen werden (ein besserer Hausarrest), neonazistische Gruppen in ihrer Überzeugung, dass Nicht-Deutsche Menschen zweiter Klasse sind?

Welchen Schluss sollten neonazistische Gruppen aus der Erfahrung ziehen, dass nicht sie verfolgt, kriminalisiert wurden, sondern antifaschistische und antirassistische Gruppen, die versuchten, sich gegen diese Pogromstimmung zu stemmen?

Gibt es irgendeinen Grund, nicht anzunehmen, dass die Abschaffung des Asylrechts, die Institutionalisierung rassistischer Grundannahmen, die systematische Entwürdigung von Flüchtlingen, die Denunziation der Schutzsuchenden als ›Wirtschaftsflüchtlinge‹ neonazistische Gruppen beflügelt, getragen, bestätigt hat, weiterzumachen, bis das Wirklichkeit wird, was sie schon immer forderten: Deutschland den Deutschen?

Könnte es sein, dass die Zwei-Drittel-Mehrheit, die sich für die Abschaffung des Grundrechts auf Asyl, die Verabschiedung und Verschärfung des Asylbewerberleistungsgesetzes eingesetzt hat, dass diese ›Zwei-Drittel-Mehrheit‹ auch in den staatlichen Verfolgungsbehörden zu finden ist. Eine komfortable Mehrheitsgesinnung, die fast von alleine dafür sorgt, dass der neonazistische Terror des NSU nicht verhindert, nicht gestoppt werden konnte oder gar sollte?

Selbstverständlich ist es nicht dasselbe, ob man das Leben der hier schutzsuchenden Flüchtlinge zur Qual macht oder ob man sie umbringt. Gemeinsam ist ihnen jedoch die Matrix, dass Menschen, die nicht deutsch genug sind, minderwertig seien, ihnen also weder die gleichen Rechte, geschweige denn die gleiche Menschenwürde zustehen.

Diese rassistische Grundeinstellung hat viele Nuancen, viele Facetten: Man schaut zu, man greift nicht ein, man sympathisiert heimlich damit, man deckt rassistische Praktiken , man unterstützt rassistische Handlungen.

Von diesem politischen Konsens getragen, entstanden neonazistische Gruppierungen wie der THS. Von diesem politischen Klima wurden sie getragen, mit diesem breiten rassistischen 2/3-Mehrheits-Konsens im Rücken traten sie auf.

Kapitel III
Die Legende von den spurlos Verschwundenen

Bis heute wird hartnäckig an der Legende festgehalten, dass die im Jahr 1998 abgetauchten Neonazis Uwe Böhnhardt, Uwe Mundlos und Beate Zschäpe ›spurlos‹ verschwunden seien und man seitdem keine Spur von ihnen gehabt habe.

Weder das eine, noch das andere stimmt. Es widerspricht allen Fakten, die bislang an die Öffentlichkeit gelangt sind.

Kurz bevor die ehemaligen Mitglieder des Thüringer Heimatschutzes (THS) abtauchten, wurden am 26. Januar 1998 bei der Durchsuchung einer Garage in Jena, die Beate Zschäpe angemietet hatte, über 1,4 Kilo Sprengstoff und Rohrbomben beschlagnahmt. An dieser Durchsuchung nahmen erstaunlich viele Behörden teil: Die Thüringer Polizei, Zielfahnder des LKA Thüringen, Beamte des Thüringer Verfassungsschutzes und zwei Beamte des BKA. Die späteren Mitglieder des Nationalsozialistischen Untergrundes (NSU) konnten fliehen. So wurde dieses Ereignis offiziell kommuniziert.

Vierzehn Jahre später erfahren wir, dass das bei Weitem nicht alles war: Es wurde auch eine Namensliste gefunden,

> »ein ›*Who is Who*‹ mutmaßlicher Unterstützer des rechtsextremen Terrortrios ›Nationalsozialistischer Untergrund‹ (NSU) ... Vielfach handelt es sich um Personen, die heute beschuldigt werden, Hilfsdienste für Uwe Böhnhardt, Uwe Mundlos und Beate Zschäpe geleistet zu haben. So ist der Name von *Rolf Wohlleben* handschriftlich in das Verzeichnis gekritzelt – der einstige NPD-Funktionär aus Jena sitzt derzeit in Untersuchungshaft, weil er verdächtigt wird, eine Schusswaffe für das Terror-Trio besorgt zu haben.« (SZ vom 13.7.2012).

Auf dieser Telefon- und Adressenliste befanden sich weitaus mehr Namen, als die Süddeutsche Zeitung veröffentlichen wollte. Auf ihr befand sich auch *Kai Dalek*:

> »Kai D. hatte nach vorliegenden Informationen in den 90er Jahren entscheidenden Anteil am Aufbau gewalttätiger Anti-Antifa-

Strukturen in Franken. Er war an zentraler Stelle für das Thule-Netz verantwortlich, mit dem Neonazis erstmals eine computergestützte klandestine Kommunikation betrieben und er gilt als Organisator bundesweiter rechter Aktivitäten, wie bspw. der jährlichen Rudolf-Hess-Aufmärsche.« (Neonaziszene in den 90er Jahren dank Spitzeln vernetzt und aktionsfähig, Die Linke Thüringen vom 12.10.2012)

Auch *Matthias Fischer*, Anführer des neonazistischen bayrischen Kameradschafts-Verbandes ›Freies Netz Süd‹ befand sich auf der Liste. Fischer kommt aus Nürnberg. Zwischen 2000 und 2005 wurden in Bayern drei Migranten regelrecht hinrichtet.

Weiterhin befand sich *Mike T.* auf dieser Liste: »Laut einem Vermerk des Bundeskriminalamts vom 14. Mai 2012 findet sich T.'s Name auf einer der von Mundlos erstellten Telefon- und Adresslisten... T. stammte aus Jena in Thüringen und war Mitte der neunziger Jahre zu einer großen Nummer im rechtsextremen Milieu Nürnbergs aufgestiegen, bevor er in die Drogenkriminalität abrutschte.« (Spiegel-online vom 1.3.2013)

Doch damit nicht genug: Auf dieser Telefonliste standen nicht nur führende Neonazi-Kader. Auf ihr standen mindestens auch vier Neonazis, die zugleich V-Männer der Polizei bzw. des Verfassungsschutzes waren: *Kai-Uwe Trinkaus (Deckname Ares), Thomas Starke, Thomas Richter (Deckname ›Corelli‹)* und der bereits erwähnte *Kai Dalek*.

Kai Dalek: »Auch das bayerische Landesamt für Verfassungsschutz hat in den 1990er-Jahren einen V-Mann im Umfeld der späteren NSU-Terroristen geführt: Kai D. Sein Name findet sich auf einer Adressliste des NSU-Mitglieds Uwe Mundlos, die 1998 nach dessen Untertauchen sichergestellt wurde.« (Auch Bayern hat V-Mann-Ärger, taz.de vom 17.10.2012)

Thomas Starke war einer der führenden Köpfe der sächsischen ›Blood & Honour‹-Sektion. Von 2001 bis 2011 wurde er als ›Vertrauensperson‹ (VP), also Spitzel vom LKA Berlin geführt. Thomas Starke war nicht nur eine wichtige Figur in der Neonaziszene. Er war mit Beate Zschäpe liiert, er besorgte dem NSU auch den Sprengstoff, der später in besagter Jenaer Garage gefunden wurde bzw. gefunden werden sollte.

Thomas Richter war einflussreicher Neonaziaktivist aus Sachsen-Anhalt. Unter dem Decknamen ›Corelli‹ lieferte er von 1997 bis 2007 dem Bundesamt für Verfassungsschutz Informationen, unter anderem aus einem deutschen Ableger des rassistischen Ku-Klux-Klan. (taz vom 9.10.2012). *Thomas Richter (in Neonaziskreisen auch HJ-Thommy gerufen)*, war auch Herausgeber des ›Nationalen Beobachter‹ und Betreiber von mehreren neonazistischen Internetseiten. Nach dem Abtauchen der späteren NSU-Mitgliedern 1998 kamen diese für mehrere Wochen bei ihm unter. »Thomas R. engagierte sich (...) bei dem rechten Fanzine ›Der Weiße Wolf‹ in dessen Ausgabe Nummer 18 im Jahr 2002 ein interessantes Vorwort erschienen ist. Fettgedruckt, ohne nähere Erläuterung, heißt es da: *›Vielen Dank an den NSU‹*. Es ist die erste bekannte Erwähnung des NSU in der Öffentlichkeit, neun Jahre bevor die einzigartige Mordserie aufgedeckt wird.« (Spiegel-online vom 18.9.2012)

Kai-Uwe Trinkaus: »Der frühere Erfurter NPD-Kreischef outete sich als jahrelanger V-Mann des Thüringer Verfassungsschutzes. Zwischen 2006 und 2010 habe er unter dem Decknamen Ares regelmäßig Informationen an den Geheimdienst geliefert, sagte er dem Sender MDR.« (süddeutsche.de vom 6.12.2012)

Die Adressen- und Telefonliste umfasst mehr als 30 Personen. Neben den namentlich bekannten Neonazis finden sich dort auch »Telefonnummern in Chemnitz, Jena, Halle, Rostock, Nürnberg, Straubing, Regensburg – und auch vier Nummern von drei Personen in Ludwigsburg« (Thomas Moser, kontextwochenzeitung.de vom 28.2.2013).

Man kann dem NSU-Ausschussmitglied Clemens Binninger nur zustimmen, wenn er diese »*wie eine Landkarte der späteren Tat- und Fluchtorte*« beschreibt.

Fassen wir kurz zusammen: Eine Adressenliste, die in der Garage versteckt wurde, weil sie auf keinen Fall gefunden werden sollte, ist ein Volltreffer. Der Fund einer solchen konspirativen Namensliste ist der Traum eines jeden Ermittlers. Und für Abgetauchte gibt es nichts Schlimmeres, als die Namensliste derer zurückzulassen, die ihnen Unterstützung gewähren, auf die sie sich verlassen können.

Alle auf der Namens- und Telefonliste aufgeführten Neonazis haben maßgeblich den ›Untergrund‹ mit organisiert. Mit diesem Fund waren die Verfolgungsorgane nicht nur im Besitz von Namen, die zum engsten Kreis des Nationalsozialistischen Untergrundes gehörten, sie waren zugleich mit mindestens vier V-Leuten an der Nabelschnur des NSU. Man kann also ohne Übertreibung festhalten: Der ›Dritte Mann‹ des NSU war eine Quelle der ›Sicherheits‹organe.

Welche Brisanz diese ›Garagenliste‹ hat, macht der 1001. Skandal deutlich: Am 28. Februar 2013 machte der NSU-Untersuchungsausschuss in Berlin öffentlich, dass das Bundeskriminalamt (BKA) seit 1998 auch im Besitz einer weiteren Adressenliste ist: »Zum Beispiel taucht darauf nach Informationen von Spiegel Online erstmals eine Telefonnummer aus Fürth bei Nürnberg auf. In Nürnberg verübte der NSU drei Morde. Neu ist zudem eine Handy-Nummer, die von dem langjährigen V-Mann Thomas D. genutzt wurde, und eine Nummer aus Arnstadt, wo der NSU eine Bank ausraubte. Insgesamt wurden mehr als zehn neue Kontakte notiert, vorwiegend aus dem Raum Chemnitz. Es handelt sich also nicht um völlig verschiedene Listen. Vielmehr ist die zweite eine Fortsetzung der ersten.« (FR vom 1.3.2013)

Obwohl der Untersuchungsausschuss alle Unterlagen vom BKA angefordert hatte, wurde diese zweite ›Garagenliste‹ über ein Jahr dem Untersuchungsausschuss vorenthalten – was nichts anders ist, als die Unterschlagung von Beweismitteln.

Nimmt man die erste Adressenliste und den nun aufgetauchten zweiten Teil der ›Garagenliste‹ zusammen, waren auf ihr über 50 Neonazis notiert, das gesamte neonazistische Netzwerk, das die abgetauchten THS-Mitglieder in den folgenden 13 Jahren genutzt, kontaktiert und in terroristische Aktionen eingebunden hatten.

Nachdem die Verfolgungsbehörden 13 Jahre lang die Existenz dieser ›golden Landkarte‹ neonazistischen Terrors leugneten, mussten sie eine Erklärung dafür finden, dass auch dies keine heiße Spur war. Und in der Tat, die Spezialisten für ›Rechtsterrorismus‹ erklärten allen Ernstes, dass sie die Adress- und Telefonisten gesichtet und dann ... für »bedeutungslos« erklärt hätten. Man zog dieses Beweisstück aus dem Verkehr. Es landete in der Asservatenkammer. So soll es gewesen sein.

Fallabgewandt darf man sich das so vorstellen: Führende HistorikerInnen stehen vor einem Portrait von Adolf Hitler, und alle versichern unisono, dass sie diese Person noch nie gesehen haben, dass ihnen auch der Name Adolf Hitler gar nichts, absolut gar nichts sage.

Kurzum: *Bedeutungslos* an diesem Vorgang ist nicht die ›Garagenliste‹, sondern es sind die debilen Erklärungsversuche des BKA.

Wenn man sich das hochkarätige Personal vergegenwärtigt, das bei den Durchsuchungen 1998 beteiligt war, dann darf man diese Version nicht nur für falsch, sondern auch für ausgesprochen dämlich halten: Sie ist sprichwörtlich dümmer, als die Polizei erlaubt. Jede Antifa-Gruppe in dieser Gegend hätte in fünf Minuten sagen können, dass es sich um wichtige Figuren im neonazistischen Netzwerk handelt. Abgesehen davon standen alle Neonazis auf dieser Telefonliste in irgendeiner Datei der Polizei bzw. des Verfassungsschutzes.

Warum leugnen Ermittler und Fahnder bis heute die Bedeutung dieses Fundes?

Man will und muss verschweigen, was belegt, dass die Verfolgungsbehörden den Kontakt zu den abgetauchten THS-Mitgliedern tatsächlich nie verloren hatten!

Alleine der verheimlichte Besitz dieser Telefon- und Namensliste belegt, dass die Verfolgungsbehörden den Untergrund der abgetauchten THS-Mitglieder mit angelegt haben!

Die beschlagnahmte Namensliste der Neonaziszene verschwand nicht in der Asservatenkammer, sondern war Basis weiterer Operationen

Dass die auf der ›Garagenliste‹ aufgeführten Neonazis allen Behörden bekannt waren, belegt auch ein Erkenntnisstandbericht, den der Thüringer Verfassungsschutz im November 2011 (Az. 293-S-400 062-000110/11 VS-NfD) verfasst hatte, um seine Aktivitäten zwischen 1998 und 2002 zu dokumentieren. Darin werden verschiedene Protokolle von Telefonüberwachungen, Observationen, V-Mann-Führern und anderen Quellen (»Hinweisgebern«) aufgeführt. Und es ist kein Wunder, dass fast alle Neonazis, die auf der Namensliste genannt waren, ›Zielpersonen‹ des Thüringer Verfassungsschutzes waren.

Man wusste, dass sich die abgetauchten THS-Mitglieder bewaffnen wollten und dass diese mit falschen Pässen versorgt wurden:

»Das LfV Brandenburg überstellte Erkenntnisse zu einem B&H-Konzert der Sektion Südbrandenburg am 05.09.1998 in Hirschfeld bei Lauchhammer. Daran nahmen u. a. Thomas STARKE und Jan WERNER teil. Zu den ›drei sächsischen Skinheads‹ habe Jan WERNER persönlichen Kontakt. WERNER soll damals den Auftrag gehabt haben, ›die drei Skinheads mit Waffen zu versorgen‹. Gelder hierfür soll die B&H-Sektion Sachsen bereitgestellt haben. Die Gelder stammen aus Einnahmen aus Konzerten und dem CD-Verkauf. Nach der Entgegennahme der Waffen – noch vor der beabsichtigten Flucht nach Südafrika – soll das Trio einen weiteren Überfall planen, um mit dem Geld sofort Deutschland verlassen zu können. Der weiblichen Person des Trios wolle Antje PROBST ihren Pass zur Verfügung stellen.« (Meldung an TLfV und LfV SN vom 11.9.1998)

Die Verwendung eines Wohnmobils war ebenfalls 1998 kein Geheimnis mehr: »Es sei bekannt gewesen, dass die BÖHNISCH in Berlin-Adlershof, Waldstraße 21, einen Wohnmobil-Verleih (ca. fünf Wohnmobile) betreibe. Da sich KAPKE zu dieser Zeit nicht mehr für Adressen im Ausland interessiert habe, sei davon auszugehen, dass den drei Flüchtigen möglicherweise ein Wohnmobil zur Verfügung gestellt werden sollte oder wurde.« (Hinweis vom 20.2.1998)

Chemnitz als Standort, wo sich die NSU-Mitglieder im Untergrund aufhielten, war ebenfalls seit 1998 bekannt: »Die Gesuchten sollen sich in Sachsen in der Nähe von Chemnitz aufhalten. Es sei eine Ausreise nach Südafrika geplant. Der Unterkunftsgeber sei bekannt.« (Erkenntnismitteilung vom 17.9.1998, LfV Brandenburg)

Selbst zu Uwe Böhnhardt hatte der Verfassungsschutz über einen »Hinweisgeber« Kontakt. Dieser vereinbarte für einen bestimmten Zeitpunkt ein Telefongespräch in jeweils anrufbaren Telefonzellen in Chemnitz und Coburg. Es blieb zunächst aus: »Am 22.02.1999, gegen 19:00 Uhr, wurde von einem Münzfernsprecher in Chemnitz, Bernsbachplatz 2 (0371-6946258), eine der benannten Telefonzellen in Coburg angerufen, ohne dass der Kontakt zum Hinweisgeber zustande kam ... Nach mehreren Fehlanläufen sei der telefonische Kontakt schließlich am 08.03.1999 zustande gekommen. Der Hinweisgeber will die Gesprächsperson am anderen Ende der Leitung zweifelsfrei als den flüchtigen Uwe BÖHNHARDT erkannt haben. BÖHNHARDT soll u. a. nach einem neuen Quartier für die drei Gesuchten gefragt haben.« (Hinweis vom 22.3.1999). Das heißt im Klartext: Da der Standort der Telefonzelle in Chemnitz, von wo aus Uwe Böhnhardt telefonieren wollte, bekannt war, wäre eine Festnahme möglich gewesen.

> »Wesentliche Unterstützer des NSU waren seit 1998 bekannt: So wurden u.a. Ralf WOHLLEBEN und Jürgen HELBIG mittels einer G-10-Maßnahme (damit werden alle ›nachrichtendienstlichen Maßnahmen‹ wie Telefonüberwachung etc. legalisiert) überwacht: »In dem Begründungsvermerk für eine gegen Ralf WOHLLEBEN und Jürgen HELBIG gerichtete G10-Maßnahme wird u.a. festgehalten, ›dass ein bestimmter Personenkreis um den Neonazi Andre KAPKE aus Jena unmittelbare Verbindungen zu den drei Gesuchten hat.‹« (Vermerk zu G10-Maßnahmen vom 11.8.1998, LfV Thüringen)

Die hier ausgewerteten Fakten vom Thüringer Verfassungsschutz wurden von *NSULeak* der Öffentlichkeit zugänglich gemacht und sind nun für alle überprüfbar: https://nsuleaks.wordpress.com/2012/07/13/erkenntnisse-lfv-thuringen-30-11-2011/#more-88

Fasst man diesen auszugsweise gewährten Einblick in das Leben derer, die »spurlos« verschwunden waren zusammen, lässt sich eines ganz sicher folgern:

In der Geschichte des ›Untergrunds‹ gibt es nicht viele Gruppen, deren Untergrund so transparent war, wie der des NSU. Es war ein Aquarium, in dem die NSU-Mitglieder wie Goldfische gehalten wurden.

Der Verfassungsschutz tappte nicht im Dunkeln – er saß quasi am Küchentisch des NSU.

Das entging nicht einmal dem Feuilletonchef der FAZ, Nils Minkmar: »Sie tauchten nicht besonders tief. Es war mehr so ein Schnorcheln, ein Untertauchen in der Badewanne...« (FAZ vom 20.11.2011)

Die Frage ist also nicht, wie man die untergetauchten NSU-Mitglieder hätte finden können, sondern, wer sie so lange geschützt hat und warum!

Kapitel IV
Die Mär vom Behördenwirrwar

Seit zwei Jahren wird uns das Versagen der Sicherheitsbehörden als Behördenwirrwar verkauft. Die verschiedenen Behörden, Polizei, Geheimdienst und Staatsanwaltschaften hätten nebeneinander und gegeneinander gearbeitet. Was die einen gewusst haben, wurde den anderen nicht übermittelt, was die einen gerne gewusst hätten, hätten die anderen ihnen vorenthalten. So und ähnlich wäre es dreizehn Jahre zugegangen, in einem Land, das auf seine bis zur Reißzwecke festgelegten Dienstwege, auf seine Hierarchien so großen Wert legt.

Dass es Behörden mit unterschiedlichen Kompetenzen gibt, kennt am aus dem Kino, aus vielen Krimiserien: Es kommt zu einem schweren Verbrechen. Die Polizei erscheint mit Blaulicht am Tatort und nimmt die Ermittlungen auf. Dabei stößt sie auf brisante Hinweise und will diesen nachgehen. Dann taucht entweder ein Beamter in Zivil auf, erklärt den Ermittlern, dass sie den Fall übernehmen oder der leitende Polizeibeamte wird zu seinem Chef gerufen, der ihm mit vielsagenden Blicken erklärt, dass sie aus dem Fall raus sind. Anweisung von ganz oben...

Diesen Konflikt zwischen Polizei- und Geheimdienststellen gibt es nicht nur im Fernsehen. Polizeidienststellen haben (für gewöhnlich) die Aufgabe, Straftaten aufzuklären. Geheimdienste, hier der Verfassungsschutz und möglicherweise der Militärische Abschirmdienst (MAD), decken Straftaten, verhindern deren Aufklärung, wenn dies ›übergeordnete Interessen‹ gebieten.

Zweifellos gibt es diese Kompetenzstreitigkeiten, gibt es Eifersüchteleien zwischen den Behörden. Doch selbst wenn man diese Informationsverluste mitberücksichtigt, so kann man anhand der vorliegenden Fakten eines ganz sicher festhalten: Jede Behörde, ob Polizei, Geheimdienst oder Staatsanwaltschaft hätte von sich aus genug Material in der Hand gehabt, Mitglieder des NSU festzunehmen, sie anzuklagen bzw. den Indizien, die einen rassistischen Hintergrund der Mordserie nahelegten, nachzugehen. Nicht der Missklang zwischen den Behörden ist hier besonders hervorzuheben, sondern das je eigene Zutun, das in der Summe zu einer erstaunlichen Übereinstimmung, zu einem wenig überraschenden Gleichschritt führte: Nichts geschah, nicht einmalig, sondern in neun Fällen, nicht in einer, sondern in allen Behörden, nicht für einen Monat, sondern über 13 Jahre lang.

Die Behauptung, Tausende Beamte in den verschiedenen Diensten hätte sich gegenseitig auf den Füssen gestanden, ist also so glaubwürdig, wie die Erklärung, man habe die Festnahme nicht vornehmen können, weil man keine Handschellen dabei gehabt hätte.

Das Staatsmärchen vom Behördenwirrwarr ist also keine Entschuldigung, sondern eine vorsätzliche Verschleierung von Führungsstrukturen. Unbestritten gibt es verschiedene Behörden, mit sich überschneidenden Aufgabengebieten und unterschiedlichen Kompetenzen. Und in der Tat führen differierende Einschätzungen auch zu Streitigkeiten. Doch in einem solchen Fall entscheidet nicht das Los und in aller Regel auch nicht die Selbstherrlichkeit einer Behörde, schon gar nicht über einen Zeitraum von mehr als 13 Jahren. Die staatlichen Verfolgungsorgane, die verschiedenen Dienstebenen sind nicht nach dem Lotterieprinzip aufgebaut, sondern bekanntlich streng hierarchisch geordnet.

Man lüftet also kein Geheimnis, wenn man festhält, dass in einem solchen ›Zielkonflikt‹ zwischen Behörden das jeweilige Innenministerium das letzte Wort hat.

Wenn also geplante Zugriffe in letzter Minute abgebrochen, wenn mögliche Festnahmen verhindert werden, wenn Konflikte zwischen Polizei und Verfassungsschutz entschieden werden müssen, dann hat der oberste Dienstherr das letzte Wort.

Dass es diese Zielkonflikte gibt, dass es nicht immer reibungslos funktioniert, wenn der Verfassungsschutz Straftaten deckt bzw. ermöglicht und die Polizei – ahnungslos oder auch nicht – diese verhindern will, ist unbestritten. Doch wer sich in einem solchen Fall durchsetzt, ist nicht dem Zufall überlassen, sondern auch im Fall des NSU eindeutig dokumentiert:

Unter Berufung auf das Thüringer Landeskriminalamt berichtete der Mitteldeutsche Rundfunk (MDR), »dass die drei Hauptverdächtigen 1998 kurz nach ihrem Untertauchen von Zielfahndern aufgespürt worden waren. Ein Sondereinsatzkommando der Polizei habe die Möglichkeit zum Zugriff gehabt, sei aber im letzten Moment zurückgepfiffen worden.«

Der Pfiff kam nicht aus dem Wald, sondern kann anhand der vorgeschriebenen Dienstwege leicht rekonstruiert werden: Die Polizei wird von der Staatsanwaltschaft angewiesen und diese untersteht den jeweiligen Innenministerien.

>»Auch konnten die Fahnder mehrere Kontaktpersonen der drei Flüchtigen identifizieren und deren Telefonate überwachen. Als Sachsen seinerzeit aber anbot, die verdächtige Wohnung mit einem Sondereinsatzkommando zu stürmen, blockte das Erfurter Innenministerium die Aktion ab. Die Gründe hierfür sind aus den bislang vorliegenden Akten nicht ersichtlich. Es war nicht die einzige verpasste Chance, das gesuchte Trio festzunehmen. Vergangene Woche war in einer vertraulichen Sitzung des Thüringer Justizausschusses bekannt geworden, dass ein halbes Dutzend Aktennotizen aus der Zeit zwischen 2000 und 2002 existieren, laut denen das Innenministerium Festnahmeversuche verhindert hatte. Dieses Vorgehen führte seinerzeit zu Krisengesprächen zwischen den Staatssekretären der Landesministerien für Justiz und Inneres sowie zwischen dem Thüringer Generalstaatsanwalt und dem LfV-Präsidenten. Große Folgen hatte das jedoch nicht: Im Jahr 2003 wurde das Ermittlungsverfahren gegen das gesuchte Trio eingestellt – und damit auch die Fahndung beendet.« (FR vom 8.12.2011)

Der Schlüssel für die fortgesetzte Untätigkeit, der Schlüssel für den Umstand, dass Mitglieder des NSU länger als sieben Jahre morden konnten, liegt also nicht im Dunkeln, sondern in den jeweiligen Innenministerien.

Wie wenig es dabei um schillernde Personen (wie den Thüringer VS-Chef Helmut Roewer) geht, wie wichtig vielmehr die Kontinuität dieser Behörde ist, lässt sich am Innenministerium in Thüringen gut nachzeichnen.

Von 1999 bis 2002 war Christian Köckert (CDU) Innenminister. In seine Dienstzeit fiel die Anwerbung des früheren NPD-Landesvizes Tino Brandt als V-Mann. Zu den zahlreichen Rücktrittsgründen zählt auch eine in seinem Amt ›verloren gegangene‹ CD mit vertraulichen Daten, unter anderem Protokolle des Thüringischen Verfassungsschutzes und der Parlamentarischen Kontrollkommission. Sein Motto »*Gemeinsamkeit ist das Geheimnis des Erfolges*« darf wörtlich, also personen- und amtsübergreifend verstanden werden. Nachfolger wurde Andreas Trautvetter, ebenfalls von der CDU (2002-2004), dann trat Karl Heinz Gasser, (ebenfalls CDU, 2004-2008) in die Fußstapfen seines Vorgängers. Für alle diese Innenminister war nicht ihr Ego entscheidend, sondern die absolute Vertraulichkeit im Umgang mit dem Erbe ihres Vorgängers. Ein gutes Beispiel dafür, dass diese organisierte Untätigkeit nicht an einzelnen Personen liegt, sondern an der Verfasstheit des Innenministeriums.

Das gewollte ›Zuständigkeitstheater‹ – hatte den Segen von oben

Neben dem Kompetenzwirrwarr zwischen verschiedenen Verfolgungsbehörden (Polizei versus Geheimdienst) wird immer wieder das Zuständigkeitstheater zwischen den einzelnen Bundesländern als Ursache für das Aufklärungsdesaster angeführt. Da die Morde in verschiedenen Bundesländern verübt wurden, seien jeweils verschiedene Länderpolizeien tätig gewesen, die sich entweder nicht gegenseitig informierten und eifersüchtig auf ihre Länderkompetenzen beharrt hätten und so ein fall- und länderübergreifendes Vorgehen verunmöglichten.

Auch für diese Legende braucht man kein besonderes Misstrauen, sondern einfach nur einen Blick in die Polizeigesetze, um diese Erklärung als dünne Schutzbehauptung zurückzuweisen.

Das geltende BKA-Gesetz hätte durchaus die Möglichkeit geboten, die Ermittlungen in diesen Mordfällen auf Bundesebene anzusiedeln, also die Aufklärung zu zentralisieren. Diese gesetzlichen Möglichkeiten waren allen Beteiligten bekannt – nur sie nahmen davon keinen Gebrauch.

2004 hatte nach CDU-Angaben das BKA eine Übernahme der Mordfälle abgelehnt, auch 2007 war die Bundesbehörde abermals »vehement dagegen (...), nachdem es (das BKA, d. V.) erst wenige Monate zuvor ausdrücklich dafür war.« (süddeutsche.de vom 15.5.2012)

Diese Linie wurde selbst 2006 nach dem neunten Mord beibehalten: Der Vorstoß scheiterte » am Widerstand auf höchster politischer Ebene: In einem Aktenvermerk vom 24. April 2006 wurde ein drei Tage zuvor geführtes Telefonat mit einem Beamten des bayerischen Innenministeriums festgehalten. Demnach war ›das Thema‹ bereits mit Günther Beckstein (CSU) erörtert worden, dem damaligen bayerischen Innenminister. (...) Beim BKA hatte man 2006 gehofft, Schäuble könnte sich für das Amt stark machen. Dieser sei jedoch, so die SPD, vor Beckstein ›eingeknickt‹, obwohl es Schäuble nach dem BKA-Gesetz möglich gewesen wäre, zentrale Ermittlungen anzuordnen.« (süddeutsche.de vom 15.5.2012)

Dass das Wirrwar auf Landesebene so bleibt, dass genau dies auf Bundesebene so entschieden wurde, ist also keinem Kommunikationschaos verschuldet, sondern einer Entscheidung auf oberster Dienstebene.

»Nach allem, was passiert ist, kann ich mit den bisherigen Strukturen sehr gut leben.« (Auf offener Bühne, FR vom 20.7.2012) Mit diesem Satz verabschiedete sich der Präsident des BKA Jörg Ziercke in den vorzeitigen Ruhestand. Selbstverständlich ohne Gehaltskürzung und ohne ein Ermittlungsverfahren.

Mit dieser Einstellung ist der ehemalige BKA-Chef nicht allein. So wie sich die Legende der Pannen und Versäumnisse durch alle Erklärungen zieht, warum der NSU dreizehn Jahr unentdeckt bleiben konnte, so zieht sich – nur ein Jahr später – das Credo durch alle Behörden, dass eigentlich alles in Ordnung war und ist.

Das hat auch der Verfassungsschutz in Sachsen attestiert bekommen – vonseiten der ›Aufklärer‹. Dort wurde vom CDU-Innenminister Markus Ulbig eine Kommission ins Leben gerufen, die Konsequenzen aus den ›Versäumnissen‹ ziehen sollte. Das Ergebnis wurde im Februar 2013 vorgestellt. Demnach sieht die Kommission eine »*grundsätzlich gut aufgestellte und gut geführte Behörde mit motivierten Mitarbeitern*«. (taz vom 22.2.2013)

Daraus kann und darf man den Schluss ziehen, dass das, was gerne mit ›Chaos‹ und ›Pannen‹ erklärt werden soll, nicht anderes als die vorgetäuschte Inkompetenz einer *gut geführten Behörde* war. Unfreiwillig bestätigt die Kommission damit die hier aufgestellte These, dass das Gewähren-lassen der abgetauchten THS-Mitglieder nicht auf Unfähigkeit, sondern auf besondere Fähigkeiten der damit befassten Behörden zurückzuführen ist.

Kapitel V

Wo beginnt der Nationalsozialistische Untergrund – wo hört der Staat auf? Über Beihilfe zum Mord und unsichtbare staatliche Tatbeiträge

Wenn man davon ausgeht, dass es weder Pannen noch sonstiger Unbill waren, die den Terror des NSU möglich gemacht und geschützt haben, dann stellen sich viele Fragen:

Erklärt der Rassismus, der nicht nur in neonazistischen Gruppierungen, sondern auch in Behörden zuhause ist, diese Allianz aus mörderischem und institutionellem Rassismus? Reicht ein ganz gewöhnlicher Rassismus im Polizei- und Ermittleralltag aus, um all die Spuren zu ignorieren, die einen rassistischen Hintergrund, einen neonazistischen Kontext belegen bzw. begründen?

Was bedeutet es, wenn Ermittler vor Ort, an allen neun Mordtatorten, nur ihre Polizeiarbeit machten, ›intuitiv‹ alle Spuren vernachlässigten, die ihr eigenes rassistisches Weltbild störten, und alle bereitwillig und frei von Zwang, die Ermordeten in die breit angelegte Spur von ›den kriminellen Ausländern‹ ablegten?

Was bedeutet es, wenn Spuren, die zu neonazistischen Tätern geführt hätten, nicht nur unterbewertet und nicht verfolgt wurden, sondern absichtlich beseitigt wurden?

Müssen die begangenen Morde auch von Staatsseite gewollt sein, um von einem staatsterroristischen Hintergrund zu sprechen? Wäre es nicht schlimm genug, wenn man die Morde geschehen ließ, weil es Wichtigeres gab, als *Kanacken* zu schützen?

Wussten Behörden von den Morden?

Mit aller Wut und allen Erfahrungen könnte man ganz allgemein antworten: Neonazistische und rassistische Weltbilder sind nicht nur in neofaschistischen Gruppierungen beheimatet, sondern auch in Polizei und Geheimdiensten verbeamtet. Damit ist eine politische Matrix beschrieben, die bestimmte Entscheidungen wahrscheinlich(er) macht. Aber das reicht nicht, um folgende Fragen beantworten zu können:

Warum wurde ein staatlicher Rettungsschirm über dem NSU aufgespannt? Wie weit reichte er? Was schloss er ein, was schloss er aus? Was war gewollt, was nahm man in Kauf?

Auf diesem schmalen Grad bewegt sich meine Suche nach Antworten. Ich werde mich dabei von der wohlwollendsten zur schlimmsten Annahme vortasten.

Es gehört zu der gängigen Praxis von Geheimdiensten ›kleine Fische‹ laufen zu lassen, damit man mit ihrer Hilfe an die ›großen Fische‹ herankommt. In diesem Fall könnte man davon ausgehen, dass die abgetauchten THS-Mitglieder zu Blood-&-Honour-Gruppierungen führen sollten, zu denen sie gute Kontakte pflegten. Das setzt eine hervorragende ›Führung‹ der Abgetauchten durch die beteiligten Geheimdienste voraus, was auch sehr gut belegt ist. Geht man wohlwollend von dieser Zieloption aus, dann müssten zuallererst die Verfolgungsbehörden belegen, dass sich dieser Einsatz, dieser immense Aufwand gelohnt hat. Dieser Beweis ist bis heute nicht erbracht.

Wenn es so gewesen sein sollte, dann stellen sich jedoch weitere Fragen: Warum gehen die Verfolgungsbehörden mit diesem ›ehrenwerten‹ Operationsziel nicht offensiv um? Warum leugnen sie bis heute, dass sie beste Kontakte zu den untergetauchten Neonazis hatten?

Jenseits davon, was man von diesem möglichen Operationsziel hält – die Situation änderte sich schlagartig, als im Jahr 2000 der erste Mord in Nürnberg, den man heute den abgetauchten Neonazis zuschreibt, begangen wurde.

Denn nun müssten die Verfolgungsbehörden glaubhaft belegen können, dass sie zwar fast alles über die Abgetauchten wussten, aber keine Ahnung, geschweige denn Hinweise hatten, dass die Abgetauchten einen Mord planten und durchführten.

Wer würde ihnen das glauben? Wer würde ihnen das abnehmen wollen?

Nun, es gäbe einen sicheren und glaubwürdigen Weg, das schier Unmögliche zu belegen: Man legt alle V-Mann-Protokolle, alle V-Mann-Berichte, alle Unterlagen über Observationen, Abhörmaßnahmen und Erkenntnisse von Kontaktpersonen aus dem Zeitraum 2000 bis 2011 offen.

Könnten diese Unterlagen genau dies, würde es sie heute noch geben!

Könnten all die Akten glaubhaft und nachvollziehbar belegen, dass die Verfolgungsbehörden keine Ahnung von den Mordplänen hatten, nicht die geringste Chance hatten, die Mordserie zu stoppen, würde man sie den Untersuchungsausschüssen, den Angehörigen der Opfer, den Staatsanwaltschaften, der Öffentlichkeit vorlegen.

Exakt das Gegenteil passiert: Eine in Deutschland in diesem Ausmaß nie da gewesene Aktenvernichtungswelle frisst sich durch alle Behörden. Es gibt kaum eine Dienststelle, die nicht daran beteiligt ist. Der genetische Fingerabdruck, den diese einmalige Beseitigung von Beweismitteln dennoch hinterlässt, ist aus mehreren Gründen aufschlussreich:

Die *Aktion Konfetti* von Polizei, Verfassungsschutz und MAD, von unteren und obersten Dienststellen, von CDU bis SPD-geführten Ländern belegt, dass das *gemeinsame* Anliegen bei Weitem die tatsächlichen und vermeintlichen Konkurrenzen zwischen verschiedenen Behörden überragt. Das Behörden übergreifende Bedürfnis, Beweise und Hinweise zu vernichten, die belegen könnten, dass die neonazistische Mordserie zu verhindern gewesen wäre, ist offensichtlich so massiv, dass selbst die Aufdeckung dieser Rechtsbrüche in Kauf genommen wurde.

Die nicht enden werdende Beseitigung von Beweismitteln lässt einen weiteren Schluss zu: Die stattgefundenen und stattfindenden Schredderaktionen können das ›gerichtsverwertbare‹ Wissen nicht mehr aus der Welt schaffen, dass die Verfolgungsbehörden die Spur der Abgetauchten nie verloren hatten. Was heute und morgen jedoch um fast jeden Preis verhindert werden muss, ist, dass es Hinweise, Belege und Beweise dafür gibt, dass die Verfolgungsbehörden Kenntnisse über Planung und Durchführung der Morde hatten.

Die nicht mehr zu leugnenden Beweise, die einen engen Kontakt zwischen Verfolgungsbehörden und den abgetauchten Neonazis zwischen 1998 und 2000 verifizieren, belegen im günstigsten Fall, dass man sie in den Untergrund begleitete, um an neonazistische Organisationen heranzukommen, die man zerschlagen wollte. Im schlechtesten Fall belegen die bekannt gewordenen Fakten, dass man die abgetauchten THS-Mitglieder gar nicht festnehmen wollte, weil man mit ihrem neonazistischen und rassistischen Weltbild sympathisierte.

Würden hingegen Belege, Hinweise an die Öffentlichkeit gelangen, die den Verdacht erhärten, dass die Verfolgungsbehörden auch nach dem ersten Mord 2000 immer noch Kontakt zum NSU pflegten, wäre mehr als eine Sympathie oder Gleichgültigkeit gegenüber neonazistischen Gruppierungen belegbar. Es würde sich in diesem Fall um Beihilfe zum Mord handeln, um die Unterstützung einer terroristischen Vereinigung nach § 129 a des StGB.

Der Verdacht eines staatsterroristischen Hintergrundes, für den schon heute mehr Belege gibt als für die offizielle Version, ist weder polemisch, noch überspitzt gemeint. Es geht schlicht darum, die Aufklärer beim Wort zu nehmen, man werde ohne Ansehen der Person lückenlos und schonungslos aufklären.

Was man mit dem Strafrechtsparagrafen 129a alles machen kann, erklärt uns Heribert Prantl in der Süddeutschen Zeitung vom 9. November 2012 am Beispiel der Anklageschrift gegen Beate Zschäpe:

»Man muss eine Tat nicht eigenständig begehen, um Mittäter zu sein; es genügt ein wesentlicher Tatbeitrag, der sich einfügt in die gemeinschaftliche Tat und ins gemeinschaftliche Wollen.« In diesem Sinne genüge es, der Angeklagten ›Organisationsmacht‹ nachzuweisen. Mit welchem Verfolgungswillen dieser Paragraf gegen Linke eingesetzt wurde, verrät uns Heribert Prantl auch. Zu RAF-Zeiten ließ die Justiz *»quasi unsichtbare Tatbeiträge für Mittäterschaft genügen«*.

Solange dieses Instrument des Willensstrafrechts noch angewandt wird, sollte man es aversiv nutzen und Strafanzeige wegen des Verdachts der Unterstützung einer terroristischen Vereinigung gegen die staatlichen Helfershelfer stellen.

Rechtschaffene verweisen in diesem Zusammenhang darauf, dass Straftaten nach § 129a nach zehn Jahren verjährt sind. Noch rechtschaffener ließe sich einwenden, dass Verjährungsfristen ausgesetzt werden, wenn sich neue Erkenntnisse, neue Umstände ergeben. Und davon gab es in den letzten zehn Jahren mehr als genug. Wer aber ganz sicher gehen will, der kann das Geschehene auch *Beihilfe zu Mord* nennen. Bekanntlich verjährt Mord nicht. Es geht also weniger um ein juristisches Fingerhakeln, sondern um einen politischen Akt:

So genau die Generalbundesanwaltschaft (GBA) weiß, dass der NSU aus exakt drei Mitgliedern besteht, so sicher sie sich ist, dass es keine »Verflechtungen des NSU mit anderen Gruppierungen« (FAZ vom 8.11.2012) gab und gibt, *so* sicher sollten wir jene anzeigen, die die NSU-Mitglieder nicht alleine gelassen haben, die sie im Staatsauftrag begleitet, gewarnt, gedeckt haben.

Eine solche Anzeige zu stellen, würde den Prozess in München um einen wesentlichen Aspekt bereichern, der dort ausgeschlossen wurde: den Tatbeitrag staatlicher Behörden zu 13 Jahren Nationalsozialistischen Untergrunds und mindestens neun Morden. Dabei ginge es weniger darum, auf einen juristischen Erfolg zu setzen. Vielmehr ginge es darum, die Richtung der Aufklärung zu ändern, die Systematik, das Zusammenspiel der ›Pannen‹ in den Mittepunkt zu stellen, um in aller Genauigkeit zu beweisen, dass es einen Zusammenhang gibt, zwischen dem staatlichen Begleitschutz in den Nationalsozialistischen Untergrund und den Morden, die man nicht verhindert hat bzw. nicht verhindern wollte.

Kapitel VI
Die Verschwörung der Zufälle –
Erhellendes im Darkroom

»Der Begriff ›Verschwörungstheorie‹ ist aufgrund seiner beiden Bestandteile problematisch. ›Verschwörung‹ ist ein negativ konnotiertes Wort, welches im angelsächsischen Rechtsbereich sogar strafrechtliche Aspekte umfasst; aber auch der Wortteil Theorie ist irreführend: ›Theorie‹ bezeichnet eine modellhafte, korrekturfähige Vereinfachung der Wirklichkeit, die von Einzelereignissen oder Umständen abstrahiert, um übergreifende Zusammenhänge zu beschreiben. Genau das leistet eine Verschwörungstheorie aber nicht, da sie zwar vereinfachende Muster anbietet, aber kein Modell: Verschwörungstheorien leisten keine Abstraktion, sondern nehmen im Gegenteil eine Konkretisierung vor, die unzulässigerweise verallgemeinert wird. Während die Abstraktion Komplexität erhält und nur die Beobachtungsebene verändert, ist die unzulässige Konkretisierung verlustbehaftet. Die nachgelagerte Verallgemeinerung basiert auf einer Vereinfachung bzw. Vereindeutigung (Disambiguierung). Verschwörungstheorien vermengen bei ihrer Simplifikation zudem die Kategorien Sein und Sollen.« (http://de.wikipedia.org/wiki/Verschwörungstheorie)

Sich auf das Terrain von Geheimdiensten und Verfolgungsorganen zu begeben, heißt immer, sich in verdunkelten Räumen zurechtfinden zu müssen. Das hat nichts mit obskuren Bedürfnissen zu tun, sondern mit dem Gegenstand der Untersuchung. Sowohl Geheimdienste als auch Verfolgungsorgane nehmen für sich in Anspruch, nicht alles preiszugeben, schon gar nicht, ihr Tun vor der Öffentlichkeit zu rechtfertigen. Als Begründung dienen ›übergeordnete Staatsinteressen‹, zu deren Schutz tatsächliches Wissen und Tun der Geheimhaltung unterliegen.

Einer unter diesen Bedingungen abgegebenen offiziellen Version zu widersprechen, ist folglich schnell dem Vorwurf ausgesetzt, man könne nur im Trüben fischen, man sei mehr von bösen Annahmen,

als von Fakten angetrieben. Schließlich könne man in einem beweisfreien Raum keinen Gegenbeweis führen. Diese Schwierigkeit, die
nicht die KritikerInnen, sondern die Herren beweisfreier Räume zu
verantworten haben, wird schnell und gedankenlos den KritikerInnen selbst angelastet. Genauso schnell wird jede andere Version als die
Offizielle als Verschwörungstheorie gebrandmarkt, ganz vehement
und laut von jenen, die diesen beweisfreien Raum angelegt haben.

Auch unter linken, staatskritischen Gruppierungen genießen Verschwörungstheorien keinen guten Ruf. Lassen wir alle gängigen Ver-
allgemeinerungen einmal beiseite, gibt es tatsächlich auch innerhalb
der Linken Erklärungen, die dem bösen Ruf von Verschwörungstheorien durchaus gerecht werden. Es geht um Erklärungsversuche, die
bei besonders schweren Staatsverbrechen so etwas wie eine geheime
Kommandozentrale ausmachen, die hinter dem Rücken politisch Ge-
wählter die wirklichen Fäden der Macht in der Hand halten.

Dieser Art der Enthüllung dient dieser Text nicht. Wenn im Folgenden der offiziellen Version über die Mordserie der NSU widersprochen wird, dann wird hinter der möglicherweise ganz anderen
Version keine geheimnisvolle Macht vermutet.

Die hier geäußerte Befürchtung ist eine ganz andere: Die Möglichkeit, die Wahrscheinlichkeit, dass das, was bis heute der Geheimhaltung unterliegt, nicht außerhalb bestehender Institutionen, sondern
unter dem Schutz bestehender Institutionen passiert ist.

Wie will, wie kann man also einer Darstellung widersprechen, deren
Details der ›Geheimhaltung‹ unterliegen? Wie will man ein Ereignis
rekonstruieren, wenn alles Konstitutive verborgen bleibt, also außerhalb des Rechtsinstituts einer belastbaren Überprüfbarkeit?

In diesen Darkroom einzutreten, heißt also nicht, Gespenster zu
sehen, sondern vor allem eines: plausibel zu begründen, warum staatliche Stellen das Licht ausschalten und dadurch genau jene gespens-
tigen Umstände schaffen, die sie den KritikerInnen unterstellen. Der
offiziellen Version zu widersprechen, kann also nicht heißen, es besser
zu wissen. Unter diesen Umständen kann dies nur bedeuten, zu belegen, dass eine andere Version der Ereignisse genauso plausibel, möglicherweise viel wahrscheinlicher ist.

Jeder Widerspruch zur offiziellen Version lebt mit dem Problem, dass jede andere Erklärung nur mit den Fakten agieren kann, die an die Öffentlichkeit gelangt sind. Wir sind also auf das angewiesen, was jene, die zehn Jahre nichts gewusst haben wollen, nun preisgeben. Es ist also keinesfalls eine böswillige Behauptung, wenn man festhält, dass die Fakten, die an die Öffentlichkeit dringen, gefiltert sind, dass sie unter dem Vorbehalt zu werten sind, dass es sich um selektive Wahrheiten handelt, um eine Wahrheit, die übergeordnete Staatsinteressen nicht gefährdet.

Das gilt selbst für Untersuchungsausschüsse, die immer wieder damit konfrontiert sind, dass Akten >unter Verschluss< gehalten werden, dass geladene Zeugen nur >beschränkte Aussagegenehmigungen< von oihren Dienststellen erhalten oder schlicht nicht >ladungsfähig< sind.

Aufgrund dieses selektiven Zugangs zu sogenannten Ermittlungsergebnissen kann eine Kritik nur so vorgehen: Ähnlich einem Gutachter legt man sich alle vorhandenen Fakten >aus dritter Hand< auf den Tisch und ordnet sie verschiedenen Erklärungen zu. Welche Fakten machen die offizielle Version plausibel, welche Fakten stützen eine andere Erklärung. Es kann also nicht Aufgabe einer Kritik sein, zu beweisen, wie es wirklich war. Es kann nur darum gehen, ganz nüchtern darüber zu befinden, was angesichts der vorliegenden Fakten genauso wahrscheinlich ist. Dann, so das Fazit dieser Recherche, wird man zu dem Schluss kommen, dass aufgrund der vorliegenden Fakten jede andere Version wahrscheinlicher ist, als die offizielle.

Auf dem Terrain von Geheimdiensten geht es nicht um die Wahrheit, sondern um das Erlangen der Informationshoheit.

Was Politiker und kapitalstarke Unternehmen qua Status und privilegierter Beziehungen machen, hat bei Geheimdiensten ein eigenes Ressort. Nachrichten zu streuen, embedded JournalistInnen Informationen zuzuspielen (wofür diese sich bei anderer Gelegenheit >erkenntlich< zeigen), Medien zu beeinflussen, ist kein bedauernswerter Auswuchs, sondern das Arbeitsfeld der Abteilungen >Nachrichtenwesen<. Geheimdienste pflegen nicht das naive liberale Bild von der freien Meinungs- und Pressefreiheit. Für sie existiert ein >Informationskrieg‹, in dem sie – wie auf jedem anderen Schlachtfeld auch – gewinnen müssen, was nichts anderes bedeutet als die ›Informations- und Deutungshoheit‹ zu erlangen bzw. zu bewahren.

Was macht man also mit der Flut der Informationen, die es im Fall der neonazistischen Mordserie des NSU gibt? Sie sind widersprüchlich, sie passen nicht zusammen, sie verwirren, sie machen ratlos. Will man der Nachricht Glauben schenken, die eine Zeitung veröffentlicht hat, oder dem Dementi, das von staatlichen Stellen oder von (anderen) Medien verbreitet wird?

Im Folgenden geht es darum, nicht den Kopf zu verlieren, sondern die Dementis und die zugrundeliegenden Nachrichten abzugleichen, aneinanderzulegen. Manchmal verraten auch Dementis mehr, als sie wollen, grenzen den erhobenen Verdacht eher ein, als dass sie ihn ausräumen.

Das Telefonbuch des NSU – und ein Journalist, der dümmer ist, als die Polizei erlaubt

Ein Beispiel dafür, dass mit Aufklärung auch Vertuschung einhergehen kann, sei hier ausgeführt. Vierzehn Jahre wurden wir mit der Version abgespeist, man habe am 26. Januar 1998 bei der Durchsuchung von Garagen in Jena über 1,4 Kilo Sprengstoff und Rohrbomben beschlagnahmt – mehr nicht. Und während die späteren NSU-Mitglieder in aller Seelenruhe abtauchen konnten, tappten die ›Sicherheitsbehörden‹ seitdem im Dunkeln.

Vierzehn Jahre später wusste – wieder einmal die investigative Süddeutsche Zeitung – mehr: In besagten Garagen wurde auch eine Telefonliste gefunden: »Etwa 35 Namen samt Adressen und Telefonnummern waren auf dem Papier festgehalten ... Ein ›Who is Who‹ der mutmaßlichen Unterstützer des rechtsextremen Terrortrios ›Nationalsozialistischer Untergrund‹ (NSU)« (SZ vom 13.7.2012).

Der Traum eines jeden Ermittlers. Und was macht der Redakteur der Süddeutschen Zeitung daraus? Er gibt die Version der polizeilichen Ermittler wieder: Man habe dieser Telefonliste keine Bedeutung beigemessen, »der Kriminalkommissar, der Anfang 1998 die Liste inspizierte, meinte, die Namen seien >nicht von Relevanz<. So landete der Papp-Karton in der Asservatenkammer des LKA; die starke Spur, die von Anfang an nach Sachsen wies, wurde nicht verfolgt.« (SZ vom 13.7.2012).

Dass ein Redakteur auch die Version der Ermittler wiedergibt, ist redlich. Dass er dieser abstrusen Begründung jedoch mit keinem einzigem Satz widerspricht, sondern wieder und wieder die Version kolportiert, das alles sei einem »Nebeneinander von Ermittlern, V-Leuten und Länderbehörden« geschuldet, ist journalistisch mehr als unredlich und wissentlich irreführend!

Warum wurde die Existenz dieser Liste vierzehn Jahre verschwiegen?

Glaubt der Journalist im Ernst, die Ermittler hätten diese Liste inspiziert und nicht erkannt, dass sie das *Who is Who* der Naziszene in der Hand hielten?

Dazu hätte man jede Antifa-Gruppe aus Jena oder Umgebung fragen können, um zu der alles andere als detektivischen Feststellung zu kommen, dass es sich um bekannte Mitglieder des Thüringer Heimatschutzes und um auffällig viele Mitglieder des Neonazi-Netzwerks >Blood & Honour< handelte.

Selbstverständlich wussten nicht nur der SZ-Redakteur, sondern auch die Ermittler vor Ort, dass sie mit dieser Namensliste einen Hauptgewinn in der Hand hielten. Aber warum widerspricht der Journalist nicht dieser dümmlichen Erklärung? Die Antwort ist ziemlich einfach: Würde er dieser Polizeiversion widersprechen, würde die auch von der Süddeutschen Zeitung mitgetragene Legende zusammenbrechen, Pannen und Unzulänglichkeiten hätten zu diesem bedauerlichen Destaster geführt.

Dann müsste er sich und seine LeserInnen mit dem Umstand konfrontieren, dass die Verfolgungsbehörden von Anfang an eine geradezu fantastische Sicht auf das neonazistische Umfeld der abgetauchten NSU-Mitglieder hatten – eine unbeabsichtigte Einladung, den abgetauchten Mitgliedern des THS zu folgen.

Damit wäre die Mär von der fehlenden heißen Spur vom Tisch und die Frage stände im Raum: Wer unterstützt(e), wer leistete einer terroristischen Vereinigung über vierzehn Jahre Beihilfe?

»Man weiß so wenig. Nur eins: Geheimdiensten ist absolut alles zuzutrauen. Es ist ihr Job, zu lügen, zu täuschen und zu tarnen. Manchmal auch zu morden – wer das bestreitet, lebt im Glücksbärchenland.« (Mark Nenecke, Kriminalbiologe, FR vom 17.6.2011)

Gladio: vor 30 Jahren noch Verschwörungstheorie – heute eine unbestrittene Tatsache

Dass ein anderer Ablauf der mörderischer Ereignisse wahrscheinlich, wenn nicht gar naheliegender ist, dass die Verfolgungsbehörden die abgetauchten THS-Mitglieder nicht verloren hatten, sondern zahlreiche Kontakte zu ihnen pflegten, beantwortet nicht die viel schwerwiegendere Frage: Wenn es ›ganz anders‹ war ... welche politischen Motive, welche staatlichen Interessen stecken dahinter, über zehn Jahre eine neofaschistische Terrorgruppe zu schützen?

Erfahrungsgemäß kann man auf die hier aufgeworfenen Fragen in zehn, zwanzig Jahren eine beweiskräftige Antwort geben, wenn Dokumente freigegeben werden, die heute niemand einsehen oder einfordern kann. Also ›unter Verschluss‹ gehaltene Dokumente, die hier nicht Gegenstand sein können.

Wir können nicht in die Zukunft schauen, sehr wohl in die Vergangenheit.

Dass etwas, was auch vor 30 Jahren für blanke Verschwörungstheorie gehalten wurde, tatsächlich so stattfand, möchte ich an einem zurückliegenden Fall erklären. Als es in den 70er und 80er Jahren immer wieder zu neofaschistischen Mord- und Bombenanschlägen in Europa kam (Bombenanschlag in Bologna am 2. August 1980/Anschlag auf das Oktoberfest in München am 26. September 1980), kam der Verdacht auf, dass viele dieser neofaschistischen Anschläge im Schutz staatlicher Stellen und Dienste begangen wurden. Hinweise, die bereits damals diese Mutmaßung stützten, wurden jedes Mal von staatlicher Seite als bösartige Verleumdungen und aberwitzige Unterstellungen zurückgewiesen. Es dauerte über 20 Jahre, bis Licht in diese verdunkelten Zusammenhänge drang. Dr. Daniele Ganser, Historiker und Friedensforscher an der Universität Basel, hatte das Glück in Akten Einsicht zu nehmen, die in der Schweiz freigegeben wurden. Er wertete sie aus und kam zu dem Schluss, dass die NATO eine Stay-behind-Armee aus neofaschistischen Gruppen aufgestellt hatte, um diese im Zweifelsfall als faschistische ›Reserve‹ einzusetzen. Im Schutz dieses ›Gladio-Programmes‹ wurden zahlreiche Bombenanschläge ausgeführt, um so das Eingreifen des Staates zu provozieren (›Strategie der Spannung‹) bzw. zu rechtfertigen – und wenn nötig, einen Putsch zu legitimieren.

Als Reaktion auf die Veröffentlichung der Forschungsergebnisse der Eidgenössischen Technischen Hochschule (ETH) Zürich gab das Außenministerium der USA eine umfangreiche Pressemitteilung heraus. Darin wurde die Existenz der Geheimarmeen sowie die zentrale Rolle der NATO und die Beteiligung der CIA indirekt bestätigt.

Teil VII
Von der schonungslosen Aufklärung bis zum totalen Blödsinn

Nachdem die rassistischen und neonazistischen Motive der Mordserie nicht mehr zu verheimlichen waren, schalteten alle darin involvierten staatlichen Institutionen auf Gegenmodus. Die Piraten würden dies als Schwarmintelligenz bezeichnen: Wussten bis dahin alle nichts, so versprachen sie nun alle, das schonungslos aufzuklären, was sie dreizehn Jahre nicht gewusst haben wollen:

»Es muss alles ans Licht. Die Aufklärung wird noch eine Weile brauchen und wird weitere Helfer und Helfershelfer ergeben. Das ist noch nicht zu Ende.« (FR vom 16.2.2012)

Das könnte ein satirisches Statement aus der Sendung ›Neues aus der Anstalt‹ sein. Ist es aber nicht: Genau mit diesen luziden Worten versprach die amtierende Thüringer Ministerpräsidentin Christine Lieberknecht (CDU) eine schonungslose Aufklärung *ohne Ansehen der Person* – während zur selben Zeit im Thüringer Verfassungsschutz und im Innenministerium Akten verschwanden und Indizien vernichtet wurden.

Seitdem also die Abteilung für Öffentlichkeitsarbeit Aufklärung verspricht, verschwinden in anderen Abteilungen Akten, werden Spuren beseitigt und Beweise vernichtet, Untersuchungsausschüsse belogen und verarscht, was wiederum die Abteilung für Öffentlichkeitsarbeit auf den Plan ruft, die je nach vorangegangenem Fall erklärt, es handele sich um ein Versehen, um menschliches Versagen, um ein bedauerliches Missverständnis oder um eine individuelle Fehlleistung (Bitte zutreffendes ankreuzen).

»Die was wissen, die kommen nicht, die kommen, wissen nichts, und die, die was wissen und dennoch kommen, sagen uns nichts.« (Wolfgang Bosbach, Innenexperte der CDU – Der Ausschuss hat seinen Sinn und er hat seine Grenzen, Deutschlandfunk vom 26.1.2012)

Um eine Vorstellung davon zu bekommen, welchen Umfang besagte »Versehen« angenommen haben, hier eine behörden- und länderübergreifende Auswahl:

Institution	Akten/Vorgänge
BfV	310, darunter 94 Personalakten, u.a. über Personen, die dem NSU sehr nahe standen, vernichtet zwischen November 2011 und Sommer 2012
BfA	Akten über die Abhöraktion gegen Ku-Klux-Klan-Mitglieder in Baden-Württemberg gelöscht
VS Thüringen	Zwei Akten zur ›Operation Rennsteig‹ – aufgetaucht im Juli 2012
Polizei Thüringen	20 Ermittlungsakten des Staatsschutzes zum Thüringer Heimatschutz – aufgetaucht im Juli 2012; Ermittlungsakten der SOKO ›Rechte Gewalt‹ zum Thüringer Heimatschutz bereits im Jahr 2005 gelöscht
VS Sachsen	Eine Geheimakte über den Rechtsrockproduzenten und mutmaßlichen NSU-Unterstützer Jan Werner wurde monatelang zurückgehalten / personenbezogene Daten wurden vernichtet, nach Angaben des Innenministeriums ohne Bezug zum NSU
VS Sachen und VS Thüringen	Vernichtung von Einsatzunterlagen aus dem Jahr 2000, die die abgetauchten THS-Mitglieder und das neonazistische Umfeld betreffen (SZ vom 13.7.2012)
VS Niedersachsen	Akte zur Beobachtung des mutmaßlichen NSU-Unterstützers Holger Gerlach
VS Sachsen-Anhalt	MAD-Protokoll zu Uwe Mundlos wurde an den Verfassungsschutz vor Jahren übermittelt und erst nach mehrfacher Nachfrage im September

	2012 beim Geheimdienst in Sachsen-Anhalt gefunden
VS Berlin	Akten zum ›Blood & Honour‹-Netzwerk wurden bereits im Juli 2010 vernichtet. Außerdem wurden im November 2012 ebenfalls Akten aus dem Bereich ›Rechtsextremismus‹ vernichtet – wieder aus Versehen
LKA Berlin	Akten über den V-Mann und mutmaßlichen NSU-Unterstützer Thomas Starke wurden monatelang zurückgehalten, V-Mann-Berichte werden als »spurlos verschwunden« gemeldet
BKA	Löschung von Telefondaten, die André Eminger und Beate Schärpe (November 2011) betreffen
MAD	Befragungsprotokoll Uwe Mundlos aus dem Jahr 1995 wird dem Untersuchungsausschuss erst im September 2012 bekannt

Es wäre sicherlich lohnenswert eine Personalaufstellung zu machen, wie viele Beamte damit beschäftigt sind, Akten zu vernichten, Spuren zu beseitigen, also Desinformation zu betreiben und wie viele Beamte dafür abgestellt wurden, Akten wiederzufinden bzw. zu rekonstruieren.

Grob geschätzt dürfte man sich die Arbeitsteilung so vorstellen: Ein Drittel verspricht Aufklärung, ein Drittel beseitigt alles, was für eine Aufklärung notwendig ist und ein Drittel erklärt dies alles – nach eingehenden Untersuchungen selbstverständlich – für missliche Einzelfälle.

Dass es sich bei den bekannt gewordenen Einzelfällen nur um die Spitze eines Eisberges handelt, darf angenommen werden. Schließlich sind die meisten Fälle von Beweismittel-, Spuren- und Aktenvernichtungen nicht durch konsequente Ermittlungstätigkeit an die Öffentlich gelangt, sondern durch Indiskretionen und Insider, die die offiziellen Versionen nicht mehr er- und mittragen wollten.

Der Militärische Abschirmdienst (MAD) oder: was schirmt er ab?

Bis zum September 2012 war es Stand der Dinge, dass der MAD keine Unterlagen geführt habe, die zur Aufklärung der NSU-Morde beitragen könnten. Diesen ahnungslosen Zustand teilte auch die oberste Dienststelle, das Verteidigungsministerium.

Jetzt erfahren wir zum 25. Mal, dass diese Auskünfte falsch waren und sind.

Das Einzige, was noch variiert, sind die unglaublichen Verrenkungen, diese massiven Behinderungen zu bagatellisieren. So bedauerte der oberste Dienstherr der Bundeswehr und dessen Geheimdienstes MAD, Thomas de Maizière, wie 25 Dienstherren zuvor und befand, dass sein Ministerium in dieser Angelegenheit »unsensibel« gehandelt habe. Abgesehen von dieser kleinen emotionalen Schwankung habe sich das Verteidigungsministerium jedoch nichts vorzuwerfen, schon gar nicht, an der Verhinderung der Aufklärung aktiv mitgewirkt zu haben.

Was ist passiert und sollte unter keinen Umständen öffentlich werden?

Mundlos, der nicht viel später Mitglied der neonazistischen Kameradschaft Thüringer Heimatschutz wurde, aus der die neonazistische Terrorgruppe NSU hervorging, leistete von April 1994 bis März 1995 beim Panzergrenadierbataillon 381 im thüringischen Bad Frankenhausen seinen Wehrdienst ab. Ziemlich schnell fiel Mundlos durch seine neonazistische Gesinnung auf, die er niemandem gegenüber verbarg. Auch nicht gegenüber dem MAD, der ihn zu einer ›Befragung‹ einbestellte. Freimütig gab Mundlos zu, dass er Mitglied in einer »Skingruppe« sei und dass sich Flüchtlinge ein schönes Leben auf Kosten des Staates machen würden, die man sofort abschieben müsse. Diese Aussagen überraschten den MAD nicht – im Gegenteil: Man fragte ihn, »ob er sich vorstellen könne, ihm bekannt gewordene Termine für Anschläge auf Asylbewerberheime der Polizei oder den Verfassungsschutzbehörden zu melden«. (Der Spiegel vom 11.9.2012)

Laut Gesprächsprotokoll habe er verneint. Damit war die Sache für den MAD erledigt. Ordentlich, wie der MAD nun einmal ist, verschickte er 1995 eine Kopie dieser Gesprächsakte an verschiedene Verfassungsschutzämter und eine an das Bundesamt für Verfassungsschutz (BfV). Nach 15 Jahren habe der MAD, wieder ganz ordentlich, die Originalakte vernichtet.

Halten wir fest:

1. Selbst wenn der MAD die Akte >Mundlos< 2010 vernichtet haben will, ist im Aktenlauf vermerkt, an welche anderen Dienststellen eine Kopie der Akte verschickt wurde.

2. Obwohl mehrere Verfassungsschutzämter und das Bundesamt für Verfassungsschutz im Besitz dieser MAD-Akte waren, unterschlugen sie diese Akte gegenüber den diversen Untersuchungsausschüssen.

3. Das Verteidigungsministerium agierte folglich nicht »unsensibel«, sondern strafbar: »Nach den Angaben des Verteidigungsministeriums erfuhr die Amtsleitung, also auch Minister de Maizière, bereits am 13. März 2012 davon, dass der MAD Mundlos 17 Jahre zuvor in seiner Wehrdienstzeit befragt hatte – und dass das Protokoll dieser Befragung seinerzeit zumindest auch an das sächsische Landesamt für Verfassungsschutz geschickt worden war.« Wenn also noch Anfang Juli 2012 das Verteidigungsministerium erklärte, »der MAD habe zu Uwe Mundlos keinen Kontakt gehabt« (FR vom 12.9.2012), liegt kein Versehen vor, sondern eine bewusste Täuschung. Dieses Wissen unterschlagen zu haben, ist nicht mangelhaft »aktiv kommunikativ«, sondern wiederholter Rechtsbruch.

4. Die Unterschlagung dieser Akte bei mindestens vier Behörden beweist zum 25. Mal, dass es sich nicht um ein individuelles Versagen handelt, sondern um ein organisiertes Vorgehen.

5. Die Behauptung des Verteidigungsministers de Maizière, der Versuch des MAD, einen Neonazi als Quelle anzuwerben, sei gar kein Anwerbeversuch gewesen, beweist nur eines: einen hohen Grad an Verschleierungswillen.

›Operation Rennsteig‹

Der Rennsteig ist ein etwa 170 km langer Kammweg sowie ein historischer Grenzweg im Thüringer Wald, Thüringer Schiefergebirge und Frankenwald.

Im November 2011 zog die Generalbundesanwaltschaft das Verfahren gegen Mitglieder und Unterstützer des NSU an sich. Routinemäßig gingen an alle Polizeidienststellen, Verfassungsschutzämter und an den MAD Schreiben, in denen die Behörden Auskunft darüber geben sollten, ob sie im Besitz von Unterlagen sind, die zur Aufklärung der NSU-Mordserie beitragen könnten. Diese Aufforderung erging auch an das Bundesamt für Verfassungsschutz in Köln. Zuerst log der dafür zuständige Referatsleiter und behauptete, dass sie nichts zur Aufklärung beitragen könnten. Als nochmals nachgefragt wurde (möglicherweise präziser), machte sich derselbe Referatsleiter an die Arbeit. Er nahm sieben Akten, die Unterlagen zur ›Operation Rennsteig‹ enthielten und sorgte persönlich dafür, dass diese nicht an die Generalbundesanwaltschaft überstellt wurden, sondern im Reißwolf landeten.

Es dürfte wieder einer dieser Indiskretionen zu verdanken sein, dass diese weitere Straftat im Amt öffentlich wurde. Ebenso routiniert, wie der Referatsleiter die Aktenbestände frisierte, so professionell nahm er es mit der Suche nach den Verantwortlichen dieser Beweismittelentsorgung. Er habe – wie in der Bundesrepublik so üblich – ganz alleine gehandelt, er habe nicht auf Anweisung gehandelt – wie üblich – sondern ganz selbstständig – was völlig unüblich ist. Ohne Murren, ohne Gefahr für seine Dienstvorgesetzten, nahm er die Entlassung, den Verlust seines gut dotierten Jobs auf sich.

Was war also so wichtig, so brisant an den Akten zur ›Operation Rennsteig‹, dass ein Referatsleiter bereit war, diese zu vernichten und damit seinen Job zu riskieren?

Rückblick

Wie bereits erwähnt, war allen Verfassungsschutzämtern, allen Abteilungen in den Innnennministerien nicht entgangen, dass ab den 90er Jahren neonazistische Gruppen wie Pilze aus dem Boden schossen – gerade auch in Thüringen und Sachsen. Die rassistischen Übergriffe häuften sich, die Aufmärsche, die Proklamierung von >national befreiten Zonen<, also Gebiete, in denen allen, die nicht deutsch genug war, das Leben zur Hölle gemacht wurde.

Zu den größten neonazistischen Gruppierungen zählte der Thüringer Heimatschutz mit bis zu 150 aktiven Mitgliedern. Der THS war neonazistisch, rassistisch, gut organisiert und bestens vernetzt – gerade auch mit Gruppierungen aus dem >Blood & Honour<-Bereich. Obwohl zahlreiche Straftaten vorlagen, viele ihrer Mitglieder auch namentlich bekannt waren, genug Material über ihre neonazistische Grundhaltung existierte, verbot man diese Organisation nicht.

Wussten die Verfassungsschutzämter all dies nicht?

1996 wurde jedenfalls die >Operation Rennsteig< ins Leben gerufen. Unter Führung des Bundesamtes für Verfassungsschutzes (BfV) wurden das Verfassungsschutzamt in Thüringen und der MAD eingebunden. Gemeinsames Ziel war es, vor allem den Thüringer Heimatschutz zu »erforschen«. Dazu gehörte auch der gemeinsame Versuch, V-Leute anzuwerben, Neonazis als Vertrauenspersonen zu gewinnen: »Im Rahmen der operativen Zusammenarbeit des BfV mit dem LfV Thüringen und dem MAD unter der Bezeichnung >Rennsteig< von 1997 bis 2003 hat das BfV ... Werbungsfälle mit THS-Bezug eröffnet, aus denen ... erfolgreiche Werbungsmaßnahmen resultierten.« (Schreiben des BfV an den Generalbundesanwalt vom Dezember 2011, FR vom 16.6.2012)

Man erstellte eine Liste von über 100 Personen, die dem Thüringer Heimatschutz zugeordnet wurden. U. a. befanden sich auf dieser Liste auch die späteren NSU-Mitglieder Uwe Böhnhardt, Uwe Mundlos und Beate Zschäpe!

Diese Operation wurde zwischen 1997 und 2003 durchgeführt und wenn man den Zielen dieser Operation etwas abgewinnen will, war sie sehr erfolgreich: »Letztlich sind es mindestens acht Quellen, die durch >Rennsteig< gewonnen wurden. Sechs V-Leute wurden vom Bundesamt gelenkt, zwei vom Thüringer Landesamt. Und mindestens ein V-Mann arbeitet dem MAD zu.« (Verfassungsschutz rätselt über sich selbst, FR vom 30.5./1.6.2012)

Zurück zur einsam gefällten Entscheidung des Referatsleiters, diese Akten komplett zu vernichten. Würden diese Akten beweisen können, dass die Geheimdienste keine Spur zu den abgetauchten THS-Mitgliedern hatten, dass alle angeworbenen V-Leute nichts über deren Verbleib wussten, hätte der Referatsleiter diese nicht vernichtet, sondern – wieder höchst – persönlich zur Generalbundesanwaltschaft nach Köln gefahren.

Bekanntlich hat dieser weitere Fall von Vernichtung von Beweismitteln für einigen Wirbel gesorgt. Der Chef des Bundesamtes für Verfassungsschutz Heinz Fromm zeigte sich ostentativ bestürzt, das Innenministerium stellte furchtbar ernst ein Ultimatum und der CDU-Obmann im NSU-Untersuchungsausschuss, Clemens Binninger, erklärte schön, dass dieser ›Vorfall‹ nicht geeignet sei, Verschwörungstheorien den Boden zu entziehen.

Und was ist seitdem passiert? Was hat es mit dem Ultimatum auf sich, den Fall »lückenlos« aufzuklären? Nichts.

Nicht einmal das naheliegendste wurde unternommen: Selbst wenn es im Bundesamt für Verfassungsschutz keine Akten mehr zur ›Operation Rennsteig‹ geben sollte, so müssten doch noch alle Akten zu dieser Operation beim Thüringer Verfassungsschutz und beim MAD vorhanden sein? Oder nicht?

Angesichts dieses organisierten und kriminellen Vorgehens vonseiten der Verfolgungsbehörden sind die Fragen der FR von auffallender, fortgesetzter Naivität:

»Gibt es Verbindungen zu Uwe Mundlos, Uwe Böhnhardt und Beate Zschäpe? Waren Mitglieder des Trios womöglich V-Leute? Haben sie Geld vom Verfassungsschutz erhalten? Hat das Bundesamt die Mörder sogar geschützt?«

Wenn man die bisherige Aufklärungsarbeit zusammenfasst, darf man eines ganz sicher festhalten: Akten verschwinden oder werden vernichtet, taterhebliche Spuren beseitigt und falsche gelegt. Leitende Beamte von Verfassungsschutzämtern werden mit ›beschränkten Aussagegenehmigungen‹ zu Sprechblasen, Untersuchungsausschüsse an ihrem eigenen Nasenring herum- und vorgeführt und der Blinden-chor aller Leitmedien singt das Gemeinschaftslied: Die Mordserie des NSU ist einer Kette von Missverständnissen, persönlichen Fehlleis-tungen und Kompetenzstreitigkeiten geschuldet.

Dass alle Beteiligten, insbesondere die, die ganz besonders scho-nungslos aufklären wollen, wissen, dass an Aufklärung nicht zu denken ist, hat Mely Kiyak, freie Journalistin, miterlebt, als sie an einer Sitzung des Bundestagsuntersuchungsausschusses zum NSU teilnahm. An jenem Tag wurde auch Gerald Hoffmann, Leitender Kriminaldirek-tor des Polizeipräsidiums Nordhessen und Chef der ›SOKO Café‹ befragt, die nach dem Mord 2006 an Halit Yozgat, Inhaber eines In-ternetcafés in Kassel eingerichtet worden war. Dabei ging es auch um die Frage, warum die Ermittlungen gestoppt, massiv verhindert wur-den. Mely Kiyak fasste den folgenden Dialog zwischen dem Untersu-chungsausschuss (UA) und Gerald Hoffmann (GH) so zusammen:

»GH: Innenminister Bouffier hat damals entschieden: die Quellen von Herrn T. können nicht vernommen werden. Als Minister war er für den Verfassungsschutz verantwortlich.

UA: Er war doch auch Ihr Minister! Ist Ihnen das nicht komisch vorgekommen? Jedes Mal, wenn gegen V-Männer ermittelt wurde, kam einer vom Landesamt für Verfassungsschutz vorbei, stoppt die Ermittlung mit der Begründung, der Schutz des Landes Hessen ist in Gefahr. Aus den Akten geht eine Bemerkung hervor, die meint, dass man erst eine Leiche neben einem Verfassungsschützer finden müsse, damit man Auskunft bekommt. Richtig?

GH: Selbst dann nicht...

UA: Bitte?

GH: Es heißt, selbst wenn man eine Leiche neben einem Verfas-sungsschützer findet, bekommt man keine Auskunft.« (FR vom 30.6.2012)

Es stockt einem der Atem, wenn man dies liest und weiß, dass nie-mand im Untersuchungsausschuss aufstand, sein Mandat auf der Stelle hinschmiss, um nicht länger an dieser Farce beteiligt zu sein. Die meisten nahmen es gefasst zur Kenntnis, als hätten sie nur etwas gehört, womit sie schon lange gelernt haben, umzugehen.

Fasst man also die bis heute bekannt gewordenen Fälle von Aktenvernichtung, von Verschleierung und Irreführung zusammen, ordnet man diese Fälle verschiedenen staatlichen Institutionen zu, darf man feststellen: Ob bei der Polizei oder bei den verschiedenen Verfassungsschutzämtern, ob beim MAD oder beim Bundesamt für Verfassungsschutz, ob bei einzelnen Innenministerien oder beim Bundesverteidigungsministerium – die Einzelfälle greifen (fast) lückenlos ineinander. Das nennt man – in jedem anderen Fall – nicht Zufall, sondern organisierten, systematischen Rechtsbruch.

Ganz, ganz vorsichtig nähert sich die FR dieser Systematik:

> »Ob beim Verfassungsschutz oder beim Militärischen Abschirmdienst, ob jeweils isoliert oder abgesprochen: Hinter dem Aktenschwund steckt allem Anschein nach Kalkül... Es gibt zwar kein Indiz dafür, dass in Deutschland existiert, was man in der Türkei den ›tiefen Staat‹ nennt – also das Zusammenwirken von Sicherheitsbehörden und kriminellen oder terroristischen Strukturen. Gleichwohl deutet vieles auf organisierte Vertuschung hin.« (FR vom 12.9.2012)

Die Angst, sich vorzustellen, was sich hinter dieser organisierten Vertuschung verbirgt, wie es möglich war, dreizehn Jahre lang die Verwicklung ausnahmslos aller staatlichen Verfolgungsorgane in die neonazistische Mordserie geheim zu halten, ist aus jeder Zeile herauslesen.

Aufklärung ohne Ansehen der Person – oder: Helfer helfen Helfershelfern

> »Polizei und Verfassungsschutz Rassismus oder gar Vertuschung von Straftaten gegen Nichtdeutsche oder Deutsche mit Migrationshintergrund vorzuwerfen, diskreditiert die tägliche mühevolle Arbeit zehntausender Frauen und Männer in beiden Institutionen, die innere Sicherheit zu gewährleisten und Angriffe gegen die Verfassung Deutschlands abzuwehren.« (Bernhard Witthaut, Bundesvorsitzender der Gewerkschaft der Polizei (GdP), vom 2.11.2012)

Viele halten es nur für eine Floskel und gehen der Bedeutung dieser Ankündigung gar nicht erst nach. Genau dies lohnt sich aber. Denn

Aufklärung in diesem Sinne hieße, die Bedingungen dafür zu schaffen, dass in *alle* Richtungen ermittelt wird – ganz egal, ob es sich dabei um einen leitenden Beamten im Verfassungsschutz oder um einen Innenminister handelt. Das hieße also auch Ermittlungsverfahren gegen jene leitenden Beamten einzuleiten, die die zahlreichen Pannen angeordnet, gedeckt bzw. verheimlicht haben! Ermittlungen, deren Ziel es sein muss, herauszufinden, ob es sich bei den 88 Einzelskandalen um jeweils 88 individuelle Einzelfehler handelt oder um ein systematisches, organisiertes Vorgehen. Ermittlungen, die einen kriminellen Zusammenhang zwischen den zahlreichen Pannen nicht ausschließen, also auch nach Beweisen für diese Annahme suchen. Das wäre Sinn und Zweck von Ermittlungen – ohne Ansehen der Person.

Das völlige Ausbleiben von Ermittlungen, die den zahlreichen Vertuschungen, den unzähligen Maßnahmen, Beweise zu vernichten, auf den Grund gehen, das völlige Ausbleiben von Anklagen wegen Straftaten im Amt, wegen Falschaussagen etc. unterstreicht, dass mit dieser ›Aufklärung‹ nur das fortgesetzt wird, was dreizehn Jahre zuvor den Untergrund einer neonazistischen Terrorgruppe und neun Morde ermöglicht hat.

Kapitel VIII

Die parteiübergreifende Angst der Aufklärer

»In der Türkei waren die Ermittlungspannen nach den NSU-Morden als Beleg für eine Verwicklung staatlicher Stellen in die Taten gesehen worden. Dieser Eindruck sei von Ausschuss-Mitgliedern parteiübergreifend zurückgewiesen worden, sagte Edathy.« (Süddeutsche Zeitung vom 16./17.2.2013)

Sebastian Edathy ist Mitglied im Vorstand der SPD-Fraktion und Vorsitzender des NSU-Untersuchungsausschusses in Berlin.

Glaubten alle Leitmedien und auflagestarken Meinungsfabrikationen über zehn Jahre lang die Version der Ermittler, schrieben über zwölf Jahre lange Medien die Pressemitteilungen der Polizei einfach ab, so zeigten sich dieselben Medienproduzenten bestürzt, als es nicht mehr zu verheimlichen war: Sie wurden über zehn Jahre an der Nase herumgeführt. Sie haben freiwillig und ohne Androhung von Gewalt daran mitgewirkt, dass die falschen Spuren, die Polizei, Staatsanwaltschaft und Regierungen gelegt hatten, festgetreten wurden.

So willig man über zehn Jahre die Version von Morden im Drogen-Ausländer-Kriminellen-Milieu mittrug, so fiebrig zeigten sich alle, am Skandal beteiligt zu sein, den es nun auszuschlachten galt. Plötzlich verstand man wieder den Wortsinn von der Pressefreiheit, von der Unabhängigkeit der Berichterstattung, vom regierungs- und staatskritischen Journalismus. Investigativer Journalismus war nun allerorten gefragt. Plötzlich hatte man ›Quellen‹, plötzlich hegte man Zweifel, plötzlich waren alle ganz kritisch.

Ein arabischer Frühling in Deutschland: Alle großen Medien beteiligten sich an dieser Enthüllung, unabhängig von ihrer politischen Ausrichtung. Die BILD-Zeitung interviewte einen SOKO-Chef, der der offiziellen Version von den tödlichen Ereignissen am 4. November 2011 deutlich widersprach, die Süddeutsche Zeitung und die Frankfurter Rundschau zitierten aus geheim gehaltenen Unterlagen, die der offiziellen Version, man habe keine ›heiße Spur‹ zu den NSU-Mitgliedern gehabt, eklatant widersprachen. Auch einige Fernsehsender beteiligten sich mit eigenen Recherchen daran, wie die ZDF-Dokumentation, die die Eltern von Uwe Böhnhardt ausführlich interviewte und die massive Behinderung der Aufklärung des Mordes 2006 in Kassel durch den damaligen hessischen Innenminister Bouffier belegen konnte.

Doch dieser arabische Frühling währte nicht lange. Nachdem sich Pannen, menschliches Versagen und persönliche Verfehlungen wie ein roter, dicker Faden durch die Aufklärung zogen, als die zahllosen Einzelfälle, die selbstverständlich bedauerlich sind, etwas Systematisches bekamen, drohte die Systemfrage, die man in manchen Feuilletons sogar stellen durfte. Doch wenn aus Empörung und schrillen Andeutungen ernst werden soll, wenn sich daraus Handeln ableiten soll, dann ist die Grenze dessen erreicht, was man ganz und gar nicht in Frage stellen möchte. Die Gefahr, dass man aus diesem organisierten Versagen eben nicht die Stärkung jener Geheimdienste ableiten kann, sondern ihre Auflösung, brachte nun wieder Aufklärungs- und Verdunklungswillen zusammen. Soweit wollte es niemand kommen lassen, bei allem Bedürfnis nach Quote und Auflagensteigerung. Denn den allermeisten Aufklärern wie Verdunklern ist doch klar, dass am Ende dieses Skandals nicht weniger Geheimdienst, nicht weniger Machtbefugnisse, sondern mehr von alledem stehen muss. Also heißt die Devise jetzt, das erschütterte Vertrauen in die ›Sicherheitsorgane‹ in einer Blitzheilung wiederherstellen.

Dieser Schwenk soll im Folgenden an der ARD-Sendung ›Panorama‹ und der Süddeutschen Zeitung, an ihren investigativen Journalisten John Goetz, Hans Leyendecker und Tanjev Schultz nachgezeichnet werden.

Die Umbrella-man-Theorie – der Rettungsschirm für Aufklärer?

Das Magazin ›Panorama‹ vom 5.7.2012 widmete sich ausführlich dem Schicksal eines hessischen Verfassungsschutzbeamten, der zur selben Zeit in jenem Internetcafé in Kassel war, als dessen türkischer Besitzer 2006 hingerichtet wurde. Es handelt sich um Andreas

Temme. Kurz geht der Beitrag auf diesen Mord ein, der dem NSU zugeschrieben wird. Umso länger kommen Andreas Temme und seine Frau zu Wort. Lässt man die Bilder und Worte auf sich wirken, hat man nur eines: Mitleid mit einem Verfassungsschutzmann, der seinen Job verloren hat, mit seiner Ehefrau, die alles mit ertragen musste und dennoch und jetzt erst recht zu ihm hält. Am Ende dieses Beitrages ist das Opfer nicht der türkische Internetcafé-Besitzer, sondern Andreas Temme, der all dem wehrlos ausgeliefert ist.

Gemeinsames Fazit der Panorama-Redakteure und des Ehepaares Temme: am falschen Ort, zur falschen Zeit! An allem anderen sind die Medien schuld.

Am selben Tag überraschte auch die Süddeutsche Zeitung mit einem ganzseitigen Artikel: »Chaostheorie – Gibt es in Deutschland einen ›Tiefen Staat‹ – also eine Zusammenarbeit von Behörden und Rechtsextremisten? Die groben Fehler bei der Aufklärung der NSU-Morde provozieren Fragen nach der großen Verschwörung.« Der Titel liegt noch ganz auf der kritischen Linie der Redaktion und macht neugierig. Was dann jedoch folgt, ist eine ganzseitige Selbstidiotisierung, auf scheinbar hohem Niveau. Man lässt die Story im Jahr 1963 beginnen, als John F. Kennedy ermordet wurde. In der Elm Street in Dallas, wo das Attentat geschah, wurde ein Mann unter einem Regenschirm gesehen, der einzige an diesem recht warmen, himmelblauen Tag. Angeblich ranken sich um diesen ›umbrella man‹ zahlreiche Geschichten, bis heute: »Eine der vielen bis heute umlaufenden Verschwörungstheorien besagt, dass Kennedy aus dem Regenschirm heraus erschossen wurde.«

Dann folgt ein großer Zeitensprung und wir landen im Jahr 2012, in Deutschland. Die Redakteure John Goetz, Hans Leyendecker und Tanjev Schultz wollen zwei Wiedergänger ausfindig gemacht haben. Der erste ›umbrella man‹ ist der Leiter der Referatsgruppe 2b im Bundesamt für Verfassungsschutz, der die Vernichtung der Akten über die ›Operation Rennsteig‹ auf sich genommen hat.

Der zweite Wiedergänger ist der bereits erwähnte ehemalige hessische Verfassungsschutzmitarbeiter Andreas Temme. Was sollen alle drei gemeinsam haben? Bis die Redakteure darauf eine Antwort geben, lassen sie uns Leser noch eine ganze Weile zappeln. Bevor die Auflösung kommt, werden noch einige bekannte Merkwürdigkeiten aufgezählt, die eine wie auch immer geartete Zusammenarbeit zwischen Behörden und Neonazis begründen könnten.

Welchen Schluss sie daraus ziehen, verrät der Plot, ein erneuter Zeitensprung in die USA: »Jahre nach dem Attentat in Dallas auf den damals mächtigsten Mann der Welt sagte er (der *umbrella man*, d. V.) im amerikanischen Kongress aus. Er brachte seinen Schirm mit und erklärte, er habe ihn damals nur als Zeichen des Protests verwendet.«

Was wollen uns die investigativen Journalisten mit dieser Parabel sagen? Was auf den ersten Blick vielleicht verdächtig, sonderbar und auffällig erscheint, entpuppt sich am Ende als lustige Anekdote. Oder wie der Ex-Verfassungsschutzmitarbeiter Andreas Temme resümieren darf: »*Ich war ganz einfach der falsche Mann am falschen Ort.*«

Ganz einfach?!?

Haben die Aufklärer Angst vor der eigenen Courage bekommen? Warum kommen sie zu einem Schluss, der ihre eigenen Zweifel ad absurdum führen soll? Sind die SZ-Redakteure monatelang Umbrella-Wesen gefolgt, die sie nun wieder einfangen?

Sind es die Fakten, die sie zusammengetragen haben, die sie zu einem solch billigen Ende führen, oder die Angst vor den politischen Konsequenzen, die sich daraus ergeben müssten?

Folgen wir den drei Redakteuren von der Süddeutschen Zeitung und ihrer Umbrella-Theorie. Was hat der *umbrella man* in den USA mit den zwei ausfindig gemachten Wiedergängern in Deutschland gemein? Wenn es nach ihnen geht, waren der Referatsleiter im Bundesamt für Verfassungsschutz und der hessische Verfassungsschutzmitarbeiter Andreas Temme Opfer unglücklicher Umstände: Sie waren je der falsche Mann, am falschen Ort, zur falschen Zeit.

Beginnen wir mit dem ersten Wiedergänger, mit dem BfV-Referats-leiter: Was hat dieser Mann, der hochrangig zur Bekämpfung des ›Rechtsterrorismus‹ eingesetzt war, mit dem *umbrella man* gemein? Nichts. Der Referatsleiter hat keinen Regenschirm aufgespannt, der fälschlicherweise für die Mordwaffe gehalten wurde, sondern hat Ak-ten vernichtet, als die Generalbundesanwaltschaft und der Untersu-chungsausschuss diese angefordert hatten. Die Handlung des Refe-ratsleiters wurde nicht fälschlicherweise für bedrohlich gehalten und in ihrer Bedeutung überhöht, sondern als das bezeichnet was sie ist: die vorsätzliche Vernichtung von Beweismaterial in Verbindung mit einer Falschaussage. Was diese drei investigativen Journalisten dazu bewogen hat, ausgerechnet einen Mann, der am *richtigen* Ort das für ihn (und seine Behörde) *Richtige* getan hat, mit einem ahnungslosen Mann mit Regenschirm zu vergleichen, ist mehr als schleierhaft.

Was es mit dem zweiten Wiedergänger des *umbrella man* auf sich hat, dem hessischen Verfassungsschutzmitarbeiter Andreas Temme, ist si-cherlich um einiges schwieriger. Dabei greifen die SZ-Autoren auch auf die Panorama-Sendung zurück, in deren Mittelpunkt das Ehepaar Temme stand. Noch einmal kommt Andreas Temme zu Wort: »Ich war das angreifbarste Opfer.« Noch einmal wird betont, dass der Internetbesuch des hessischen Staatsschützers am dem Tag, wo sich der Mord ereignete, eine »Chat-Affäre« war, hinter der »Verschwö-rungstheoretiker bis heute eine große Staatsaffäre« vermuten.

Abgesehen davon, dass die SZ-Autoren ihren eigenen investigati-ven Impetus lächerlich machen, geht es bei den Fragen um die Rolle eines Staatsschützers, der vor und nach dem Internet-Besuch mit (von ihm geführten) Neonazis Kontakt hatte, um etwas anders.

Dass eine Fernsehsendung ausführlich Frau und Herrn Temme zu Wort kommen lassen, ist gut und richtig. Bemerkenswert an dieser Sendung ist jedoch, dass die Redakteure an keiner Stelle die Aussagen des Ehepaars Temme mit bisher unbestrittenen Tatsachen konfron-tieren! Warum haben sie diese Gelegenheit nicht genutzt?

Herr Temme stellte sich in der Sendung als Opfer dar, dem seine neofaschistischen ›Jugendsünden‹ nachgetragen werden und sagt dazu lediglich, dass all das lange her sei. Warum haben die Redakteure Temme nicht damit konfrontiert, dass 2006 in seiner Wohnung Auszüge aus ›Mein Kampf‹, Papiere neonazistischer Gruppen und Schriften zum Dritten Reich gefunden wurden?

Herr Temme beschreibt in besagter Sendung, dass er von dem Mord nichts mitbekommen, dass er die Schüsse nicht gehört habe und die Mörder nicht hat fliehen sehen. Warum konfrontierten die Redakteure Herrn Temme nicht mit den Feststellungen aus den Untersuchungsberichten, dass es schier unmöglich ist, an der Theke des Internetcafés zu bezahlen, ohne den dahinter liegenden ermordeten Internet-Besitzer zu bemerken? Warum fragten sie ihn nicht, wie es möglich sein kann, 50 Cent auf eine blutverschmierte Theke zu legen, ohne etwas zu sehen?

Warum ließen die Redakteure diese Gelegenheit ungenutzt verstreichen, obwohl all das auch den Redakteuren bekannt war?

Selbstverständlich handelt es sich auch hier um einen reinen Zufall: Der Ko-Redakteur John Goetz des hier erwähnten Artikels in der Süddeutschen Zeitung war auch Ko-Redakteur bei der erwähnten Panorama-Sendung vom 5.7.2012. (http://daserste.ndr.de/panorama/archiv/2012/nsu151.html)

Das Märchen vom ›blinden Staat‹ – oder: Noch nie konnte ein Blinder auf dem rechten Auge so gut sehen!

Kaum eine Woche vergeht, wo nicht der überwiegende Teil der Presse den Staat blind reden, wenn wieder einmal ein Detail an die Öffentlichkeit gelangt, das die Behörden 13 Jahre lang übersehen haben sollen.

Warum halten auch fast alle ›Aufklärer‹ an dieser irreführenden Behauptung fest, reden einen Staat blind, obwohl sich die Belege türmen, dass dieser in Gestalt von Kontaktpersonen, von V-Männern quasi mit am Tisch der NSU-Mitglieder saß!

Das Gerede vom blinden Staat beschert den Blindgeredeten einen enormen politischen Vorteil, verschafft ihnen einen schwer auszuhaltenden Zugewinn: Handelt es sich um einen Staat, der sich selbst im Weg stand, dessen Verfolgungsorgane sich selbst blockierten, dann ist die Lösung ganz einfach: Man optimiert alles, die Geheimdienste, die Kompetenzwege. Man bündelt und zentralisiert, was angeblich verstreut in den verschiedenen Geheimdiensten und Polizeidienststellen gesammelt wurde. Am Ende dieser gut gepflegten Legendenbildung steht dann nicht die Auflösung jener Staatsschutzorgane, sondern ihre Omnipotenz, ihre weitere Ermächtigung bis hin zur gänzlichen Aufhebung des Trennungsgebots von Geheimdienst und Polizei. Also ein weiterer Verfassungsbruch!

Zweifellos kann ein Teil der Aufklärer mit diesem Ergebnis gut leben. Aber vielleicht haben auch viele Angst, sich vorzustellen, was es politisch bedeutet, wenn man nicht ausschließt, dass der Staat 13 Jahre lang nicht blind war, schon gar nicht auf dem rechten Auge, sondern dass er so extrem gut gesehen hat, dass es jedem anderen schwarz vor Augen geworden wäre. Alleine das Schreddern von Hunderten von Akten quer durch alle Behörden beweist doch, dass die Behörden über ein Wissen verfügen, das ihnen heute Kopf und Kragen kosten würde!

Ginge man also von der evidenten Annahme aus, dass nicht der Dilettantismus, sondern die hoch konspirative Zusammenarbeit verschiedener Behörden den Untergrund der abgetauchten Neonazis zementierte, dass kein blindes Durcheinander, sondern nur hellwache Führung erklären kann, dass Dissonanzen und vielleicht gar Kritiker über 13 Jahre stillgelegt und stillgehalten werden konnten, dann stellen sich ganz andere Fragen:

- Wer sorgt(e) dafür, dass Geheimdienste im rechtsfreien Raum agieren können?
- Wer garantiert bis heute dafür, dass Geheimdienste nicht kontrolliert, das Decken und Begehen von schweren Straftaten nicht verfolgt wird?
- Woran liegt es, dass eine Mehrheit der im Bundestag vertretenen Parteien gar kein Interesse daran hat, ihrer parlamentarischen Kontrollpflicht nachzukommen?
- Wie viel Übereinstimmung herrscht also unter diesen Parteien, dass das, was institutionell nicht mehr kontrolliert wird, weiterhin geschehen kann?

Dass sich Geheimdienste in der Öffentlichkeit nicht äußern, dass sie diese – wenn nötig – gar täuschen, mit falschen Informationen füttern, wird dem Wesen von Geheimdiensten zugeschrieben und in aller Regel mit der demokratischen Verfasstheit eines Staates für vereinbar gehalten.

Was Demokratien im Umgang mit Geheimdiensten von Diktaturen unterscheiden soll, ist die konstitutive Unterordnung des Geheimdienstes unter demokratisch gewählte und legitimierte Strukturen. Diese Aufgabe übernehmen in Deutschland der Parlamentarische Kontrollausschuss im Bundestag (Geheimdienst-Ausschuss) und die jeweiligen Kontrollgremien in den Bundesländern.

Seit Gründung der Bundesrepublik und der Geheimdienste erfuhr die Öffentlichkeit immer wieder von Geheimdienstskandalen: ›Organisation Gehlen‹, Spiegel-Affäre in den 60er Jahren, Gladio in den 70er/80er Jahren, BND als diskrete Kriegshelfer während des US-alliierten Krieges gegen den Irak (Lieferung von Kriegszielen 2002), Beteiligung am US-Entführungs- und Folterprogramm ›Rendition‹ usw.

Hätten die jeweiligen Regierungsparteien tatsächlich ein Interesse daran, die Ursachen dieser Skandale abzustellen, würden sie die Kontrollgremien mit den rechtlichen Mitteln ausstatten, die notwendig sind, um die Geheimdienste zu dem zu zwingen, was sie seit Jahrzehnten mit zynischen Bemerkungen unterlassen. Sie würden Gesetze erlassen, die die Befugnisse der Geheimdienste so regeln, dass das, was später als Skandal bekannt wird, erst gar nicht passiert. Dass Geheimdienste auch die parlamentarischen Kontrollgremien belügen, dass dies wiederum von parlamentarischen Mitgliedern beklagt wird, gehört also zum Spiel.

Tatsache ist, dass Geheimdienste und Regierungsparteien ein gemeinsames Interesse daran haben, dass das, was im schlimmsten Fall als Skandal öffentlich wird, weiterhin geschieht und zwar so, dass am Ende die zuständigen ParlamentarierInnen ihre Hände im Bad der Unwissenheit reinwaschen können und Geheimdienste freie Hand bei dem haben, was aufgrund der Verfasstheit der Bundesrepublik Deutschland einen Verfassungsbruch darstellt: Beteiligung an Kriegshandlungen, Beteiligung an Entführungen, Zusammenarbeit mit Diktaturen und Folterstaaten usw.

Dass seit Jahrzehnten immer wieder etwas als Skandal verhandelt wird, was kontinuierliche Praxis von Geheimdiensten ist, ist kein Skandal, sondern eine gewollte Praxis aller (wechselnden) Regierungsparteien, die die politischen Rahmenbedingungen setzen, innerhalb derer Geheimdienste operieren und die die Verantwortung dafür tragen, dass Kontrollausschüsse gerade nicht die Kontrolle darüber haben, was Geheimdienste tun bzw. machen sollen.

Kapitel IX
Ganz sicher: Selbstmord?

Wenn Hunderte von Akten im Zusammenhang mit dem NSU verschwinden, vernichtet werden, wenn ›heißen Spuren‹, die es über
dreizehn Jahre gab, in keinem einzigen Fall nachgegangen wurde,
wenn Behörden die Existenz von V-Leuten verschweigen, die Kontakt zu den abgetauchten THS-Mitgliedern hatten, wenn bei allen
neun Morden an Menschen mit türkischer und griechischer Abstam-
mung ein rassistischer Hintergrund ausgeschlossen wurde, wenn all
dies auf allen behördlichen Ebenen, in allen darin verwickelten Verfolgungsbehörden geschieht, dann darf man hinter diesen Unzulänglichkeiten, hinter dem ›menschlichen Versagen‹ Einzelner, ein System vermuten – zumindest sollte man dies – wie in jedem anderen
Fall – nicht ausschließen.

Wenn dies aufgrund evidenter, erdrückender Fakten nicht auszuschließen ist, dann muss man auch den schlimmsten Fall für möglich
halten bzw. darf ihn nicht von vorneherein ausblenden.

Dann stellt sich die Frage, ob die zwei Mitglieder des NSU, Böhnhardt und Mundlos, am 4. November 2011, in ihrem Campingwagen
tatsächlich Selbstmord begangen haben? Dann muss man auch die
offizielle Version, Beate Zschäpe habe sich nach vier Tagen Flucht
›freiwillig gestellt‹, in Frage stellen.

Gibt es gute Gründe, warum zwar das Vertrauen in die Geheimdienste schwer erschüttert ist, aber gleichzeitig alle Erschütterten an
der Selbstmordthese keinen einzigen Zweifel äußern?

Die Selbstmordthese ist so evident wie die Behauptung, die NSU-Mitglieder seien spurlos verschwunden

»Hat der Neonazi Mundlos wirklich seinen Kumpel und dann sich
selbst erschossen? Was, wenn alles ganz anders war?« Dieses kurze
Aufblitzen journalistischer Sorgfaltspflicht tauchte in der Frankfurter
Rundschau nicht auf den vorderen Politik-Seiten auf, sondern als letzter Satz, auf Seite 40, gut verpackt in einem Artikel über einen Krimi-

autoren. (Risse in der Fassade, FR vom 30.12.2011) Bekanntlich darf man in Feuilletons vieles sagen, was man im Politik- und Wirtschaftsteil derselben Zeitung nicht darf.

Der Tod der beiden NSU-Mitglieder in Eisenach im November 2011 wird unisono als Selbstmord >kommuniziert<. Diese Version wird in allen Medien vertreten, obwohl dieselben Medien einräumen, dass sie sich jahrelang an der Nase herumführen ließen, dass sie jahrelang die Körner aufgepickt hatten, die ihnen die Ermittlungsbehörden vor die Füße warfen, dass sie als Medien mitgeholfen haben, falsche Fährten festzutreten.

Allein die Tatsache, dass es für diesen Tathergang am 4. November 2011 zwei gravierend voneinander abweichende Versionen gibt, müsste stutzig machen.

Die erste Version entstand kurz nach dem Überfall und wird von der Thüringer Allgemeine, die sich dabei auch auf Polizeiangaben stützte, so beschrieben: Die Bankräuber benutzten bei ihrem Banküberfall einen Caravan, dessen Spur Stunden später zu den NSU-Mitgliedern führte. Die Beamten näherten sich dem verdächtigen Caravan. Dann hörten sie »aus dem Innenraum zwei Knallgeräusche...« Kurz darauf brannte der Caravan lichterloh und dann war alles vorbei.

Die zweite Version ist über zwei Monate jünger, ganz frisch und stammt vom Polizeidirektor Michael Menzel, Leiter der SOKO in Thüringen, der ebenfalls mit seinen Polizeibeamten am selben Tatort war: Dieses Mal benutzten die Täter Fahrräder für ihren Banküberfall. Dieses Mal wurden diese ihr Verhängnis. Als die Beamten auf den Caravan stießen, wurden sie mit MP-Salven empfangen: »*Wir wussten, dass sie scharfe Waffen hatten. Sie haben sofort auf uns geschossen*«, sagt Menzel. (Polizeidirektor Michael Menzel, Leiter der SOKO in Thüringen, Bild.de vom 26.11.2011). Dann soll die MP geklemmt haben, woraufhin die Schützen sich selbst umbrachten.

Beide Versionen werden von Polizeibeamten erzählt. Welche Polizisten sind echt, welche Version ist echt? Aufgrund des Umstandes, dass beide Versionen in entscheidenden Punkten signifikant voneinander abweichen, sind nuancierte Wahrnehmungsunterschiede auszuschließen. Liegt zwischen der ersten und zweiten Version kein gestörtes Erinnerungsvermögen, sondern eine neue Aktenlage, die mit einem neuen Tathergang in Einklang gebracht werden sollte?

Inszenierter Selbstmord?

Abgesehen von den deutlich voneinander abweichenden Tathergängen, wird als Motiv der schwer bewaffneten Neonazis ihre »aussichtslose Lage« angeführt. Was war daran aussichtslos? Wenn irgendjemand über 13 Jahre hinweg im ›Untergrund‹ sicher war, dann war es der Nationalsozialistische Untergrund! Was war an dieser staatlich lizenzierten Erfolgstory aussichtslos? Warum sollten oder konnten die Neonazis nicht auch dieses Mal auf Hilfe ›von oben‹ setzen? Warum sollte eine klemmende Schusswaffe der Grund sein, sich selbst zu erschießen, anstatt die anderen Waffen zu benutzen, von denen sich zahlreiche im Campingwagen befanden?

Und wenn der 4. November 2011 ausnahmsweise aussichtslos war: Warum bringen sich Neonazis um, verbrennen gleichzeitig sich und den Campingwagen? Wer hat Beate Zschäpe informiert, die wenig später auch ihre gemeinsame Wohnung in Brand setzte? Welchen Grund sollte Beate Zschäpe gehabt haben, sich den Behörden zu stellen, wo sie vier Tage Zeit hatte, sich in Sicherheit zu bringen?

Das In-Brand-Setzen des Campingwagens, das Abbrennen des Basislagers/Hauses in Zwickau macht nur Sinn, wenn jemand nicht an den Tod denkt, sondern an die Zeit danach. An Spuren, die über die Toten hinausweisen könnten. Menschen, die sich in aussichtsloser Lage umbringen, kümmern sich nicht um verräterische Spuren. Um die Beseitigung belastender Spuren sorgen sich in aller Regel die *Lebenden*!

Der Brand des Hauses in Zwickau, das In-Brand-Stecken des Wohnwagens, in dem sie sich umgebracht haben sollen, lässt andere Motive viel plausibler erscheinen. Wurde hier etwa ein Selbstmord inszeniert, der vor allem der Beseitigung von Spuren diente, an die Aussichtslose keine Sekunde denken würden? Warum wird nicht der Möglichkeit nachgegangen, dass sich die beiden NSU-Mitglieder nicht freiwillig das Leben nahmen?

Gibt es einen Grund, einen anderen Verlauf der tödlichen Ereignisse für möglich zu halten?

Niemand bestreitet, dass der Mordanschlag auf zwei Polizisten, die in ihrem Streifenwagen in Heilbronn 2006 ermordet bzw. schwer verletzt wurden, aus der rassistischen Mordserie heraussticht. Dementsprechend wild und verwirrend sind die Indizien, die diesen Mordanschlag erklären sollen. Hatten die beiden Polizisten etwas mit Ku-Klux-Klan-Verbindungen zu tun? War es eine private Abrechnung? In den Vordergrund wurde immer wieder die dümmste aller Mutmaßungen geschoben: Der Mordanschlag hätte dazu gedient, an die Dienstwaffen der Beamten zu kommen. Wenn man weiß, dass der NSU mehr als genug Waffen hatte, dann darf man diese gestreute Mutmaßung ruhig als gezielte Desinformation werten.

Es wird also viel spekuliert, es werden viele falsche Spuren gelegt, so viele, dass man am Ende den Überblick verliert und vor lauter Schwindel aufgibt. Daran haben sicherlich viele Interesse.

Lassen wir die Motive einmal beiseite und gehen davon aus, dass die NSU-Mitglieder nie wirklich im Untergrund waren, sondern sowohl von Polizei, als auch von den Geheimdiensten ›begleitet‹ wurden – mit all den unterschiedlichen Gründen, sie zu schützen bzw. mögliche Festnahmen zu unterbinden.

Spätestens mit dem Mord an der Polizistin Michèle Kiesewetter 2006 und der schweren Verletzung ihres Kollegen war diese Allianz aus Verschweigen und Stillhalten, aus Kooperation und Konkurrenz unterschiedlicher Dienststellen vorbei. Spätestens mit dem Mordanschlag auf zwei Polizeibeamte dürfte der Burgfrieden zwischen Polizei- und Geheimdienststellen zerbrochen sein. Denn wenn Polizei-Kollegen ›geopfert‹ werden, weil die Kollegen vom Verfassungsschutz ›höhere‹ Interessen geltend machen, hört der Spaß bzw. die Duldsamkeit in höheren Polizeidienststellen auf. Spätestens dann fängt der ansonsten eingehaltene Dienstweg, die Hierarchie der Dienstanweisungen an zu wackeln.

Gehen wir also von einem jetzt offen zu Tage getretenen Konflikt zwischen Innenministerien, Verfassungsschutzämtern und Polizeidienststellen aus, dann finden sich auch Antworten auf Fragen, die tunlichst nicht gestellt werden: Warum endete mit dem Mordanschlag auf die Polizisten die rassistische Mordserie des NSU? Warum hielten die Mitglieder des NSU über vier Jahre die Füße still? War es nicht im höchsten Interesse derer, die den Kontakt zum NSU nie verloren hatten, dass dieser nie mehr in Erscheinung tritt, dass unter allen Umständen verhindert werden musste, dass die Existenz eines Nationalsozialistischen Untergrundes öffentlich wird? Hatten die Mitglieder des NSU mit dem Banküberfall in Eisenach am 4. November 2011 eine ›imaginäre‹ Grenze überschritten?

Wer diese Fragen für begründet hält, wer die bislang veröffentlichten Fakten auf verschiedene Annahmen verteilt, wird viele Fakten auch folgendem Tatablauf zuordnen können: Mit dem Mord an der Polizistin Michèle Kiesewetter 2006 wuchs der Ermittlungsdruck gewaltig. Die damit befassten Polizeidienststellen waren bereit, jetzt *alles* zu unternehmen, um den Mordanschlag aufzuklären und die Verfassungsschutzämter mussten befürchten, dass die Ermittlungen nicht nur zum NSU, sondern auch zu ihnen selbst führen könnten. Um genau dies zu verhindern, musste dem NSU signalisiert werden, dass er verschwinden muss, dass nichts mehr passiert darf, was auf seine verleugnete Existenz verweisen könnte. Um diese ›Botschaft‹ zu transportieren, bediente man sich der zahlreichen V-Leute im Umfeld des NSU. Tatsache ist, dass das Bekenner-Video, das die Mordserie in Verbindung mit dem NSU bringen sollte, nicht verbreitet wurde. Tatsache ist auch, dass es zu keinen weiteren rassistischen Mordanschlägen kam. Selbst die Banküberfälle wurden eingestellt. Anstatt sich jedoch ins Ausland abzusetzen, trafen sie 2011 den Entschluss, eine weitere Bank zu überfallen. Damit überschritten sie im wahrsten Sinne des Wortes die ›Deadline‹.

Wer führte Beate Zschäpe nach dem Tod ihrer Kameraden?

Wenn man dieses Tatverlauf ebenfalls für möglich hält, dann dürfte die Nachricht vom Tod der beiden ›Kameraden‹ für Beate Zschäpe ein Schock gewesen sein. Sie musste um ihr Leben fürchten. Um zu verhindern, dass ihr ähnliches geschieht, tat sie etwas scheinbar Irrsinniges. Sie packte die NSU-Videos ein und verschickte sie an Adressen, wo sie sicher sein konnte, dass damit die Existenz des NSU nicht mehr zu leugnen war. Was auf den ersten Blick wie eine Selbstanzeige wirkt, war für sie, in ihrer Situation eine Art Lebensversicherung.

Der Berliner Kurier vom 29.5.2012 rekonstruiert die Ereignisse, kurz nach dem Tod von Uwe Mundlos und Uwe Böhnhardt wie folgt: »Etwas mehr als Stunde, nachdem sie ihre Wohnung in der Frühlingsstraße 26 in die Luft jagte, versuchte jemand Zschäpe anzurufen. Das Pikante: Die anrufende Nummer ist im Sächsischen Staatsministerium des Inneren registriert. Wer aus der Behörde in Dresden wollte Zschäpe sprechen – und vor allem warum?«

Das sächsische Innenministerium reagierte auf diese Indiskretion hektisch: Man habe nach dem Brand nach der Person gesucht, die die Wohnung angemeldet habe, um die Wohnungseigentümerin über die Ereignisse zu informieren. Es hätte sich bei den Anrufen also um ganz normale Ermittlungstätigkeiten von Polizeidienststellen gehandelt, die mit dem Brand betreut waren. Warum waren dann aber die Diensthandys nicht mehr erreichbar, nachdem die Handynummern in die Öffentlichkeit gelangten, und Journalisten versuchten, diese Version zu überprüfen? Woher hatte die Polizeidienststelle die Handy-Nummer von Beate Zschäpe, die mit Sicherheit ein Handy benutzt hatte, das weder auf ihren Namen, noch auf den Namen der Wohnungsanmieterin registriert war?

Fakt ist jedenfalls, dass auch V-Leute von den jeweiligen Dienststellen Handys bekommen, um sie so auch an der elektronischen Leine führen zu können.

Doch es gibt noch einen anderen Beleg dafür, dass die Verfolgungsbehörden auf dem Laufenden blieben, was Beate Zschäpes Flucht anbelangt.

Am 4. November 2011, kurz nach dem In-Brand-setzen der Wohnung in Zwickau wurde Beate Zschäpe nicht nur von einer ›Polizeidienststelle‹ angerufen. Sie hatte auch telefonischen Kontakt mit André Eminger. Um 15.29 Uhr sprachen sie eine Minute und 27 Sekunden miteinander, dann tippte Eminger eine SMS an seine Frau Susann...

André Eminger zählt zu den führenden Neonazikadern, eine Schlüsselfigur in der sächsischen Neonazi-Szene. Er ist Mitbegründer

der ›Weißen Bruderschaft Erzgebirge‹. Seine Ehefrau Susann Eminger stand ihrem Mann an neonazistischer Tatkraft in nichts nach. André Eminger war der Polizei und den Verfassungsschutzbehörden seit Langem bekannt. Aus einem Schreiben des sächsischen Verfassungsschutzes geht hervor, dass die Behörde im März 2003 ein ›Informationsgespräch‹ mit ihm geführt habe, was nur mühsam umschreibt, dass er als V-Mann angeworben werden sollte. Angeblich habe er abgelehnt, da er keinen Kontakt mehr zu neonazistischen Szene habe. Das wussten die Anwerber besser: Noch im November 2006 gingen Verfassungsschutzämter davon aus, dass er eine »herausgehobene Position« (Spiegel Online vom 10.12.2012) innehabe.

Stand der Ermittlungen ist, dass das Ehepaar Eminger dem NSU sowohl im Untergrund, als auch bei Anschlägen geholfen hat, u.a. besorgte André Eminger im **Mai 2009** für Uwe Böhnhardt und Beate Zschäpe Bahncards, welche auf seinen und den Namen seiner Frau ausgestellt waren.

Jenseits der Frage, ob die fehlgeschlagene Anwerbung des Neonazis Eminger eine Legende ist, kann man festhalten, dass ihre Überwachung direkt zu dem Mitgliedern des NSU geführt hatte/hätte. Wie eng, wie vertrauensvoll der Kontakt zwischen den NSU-Mitgliedern und André Eminger war, beweist auch das Telefonat, das Beate Zschäpe kurz nach dem Tod von Mundlos und Böhnhardt geführt hat.

Auf welche Weise also die Verfolgungsbehörden über André Eminger an den NSU angeschlossen waren, könnte zweifelsfrei die Auswertung des Handys ergeben, das bei seiner Festnahme am 24. November 2011 beschlagnahmt worden ist. Das Handy wurde zur Auswertung ans BKA geschickt. Obwohl der interne Speicher gelöscht war, konnte das BKA die gelöschten Datensätze wiederherstellen. Doch nun passierte das, was schon in vielen Fällen zuvor der Fall war: Die Rekonstruktion weist auffällige Lücken auf, die man technisch am aller wenigsten erklären kann: »So tauchen etwa Telefonverbindungen erst ab dem Datum 8. November 2011 wieder auf; bei den SMS reicht die Lücke vom 6. November bis zum 14. November 2011.« (Lücken in den Handydaten, FR vom 28.1.2013)

Um ganz sicher zu gehen, dass nichts gefunden wird, was nicht gefunden werden soll, wies das BKA die zuständige Bundespolizeidienststelle an, die Sicherungskopie zu löschen. Kein Versehen, sondern eine ausdrückliche Anweisung, gegen die üblichen Dienstvorschriften zu verstoßen: »Diese Anweisung habe der üblichen Vorgehensweisen widersprochen, wie der Bundespolizei-Direktor Heinz-Dieter Meier in seiner Vernehmung (...) sagte (...): ›Wenn Handys ausgewertet werden, sieht das Standardverfahren vor, dass die Daten archiviert werden‹, sagte Meier laut Aussageprotokoll vom 23. Februar 2012.« (s.o.). Für den Vorsatz der Verschleierung statt Aufklärung hat der Bundespolizei-Direktor eine professionelle Erklärung: »Er deutete an, dass das BKA mit seinem Vorgehen möglicherweise einen Informanten decken wollte, auf den E's Handydaten hinweisen könnten.« (s.o.)

Markant an den Lücken ist, dass sie einen ganz wichtigen Zeitraum umfassen: Von Beate Zschäpes Flucht bis zu dem Tag, als sie sich den Behörden gestellt hatte! Warum soll unter allen Umständen alles vernichtet werden, was die Zeit zwischen dem 4. und 8. November 2011 aufhellen könnte?

Geht man also von der offiziellen Version aus, die Verfolgungsbehörden hätten keinen Kontakt zu den NSU-Mitgliedern gehabt, dann sind vier Tage sehr viel Zeit, um abzutauchen. Warum hat Beate Zschäpe diese Zeit nicht dazu genutzt? Warum hat sie die zahlreichen Verbindungen ins Ausland nicht genutzt, um sich sicher abzusetzen?

Warum fühlte sich Beate Zschäpe ab dem 4. November 2011 nicht mehr sicher, wo sie doch die Erfahrung gemacht hatte, dass man in Deutschland selbst nach neun rassistisch motivierten Morden ›sicher‹ in Zwickau wohnen konnte?

Zweifellos könnten die Telefondaten, die Verbindungsdaten von André Eminger eine Antwort darauf geben. Würden sie belegen, dass die Verfolgungsbehörden keine Spur zu Beate Zschäpe hatten, wären sie heute noch existent. Dass sie gelöscht wurden, dass man die Sicherungskopie ebenfalls beseitigte, berechtigt zu der Annahme, dass alles stimmt – nur nicht die offizielle Version.

Die Vernichtung der Handydaten, die Anweisung des BKA, auch die Sicherungskopie verschwinden zu lassen, kann man als gründliche Arbeit verstehen – fast. Wenn es – welchen Aufklärern auch immer – wirklich um Aufklärung und nicht um koordinierte Vertuschung ginge, wäre dieser Fall von Vernichtung von Beweismitteln nicht das Ende gewesen: Denn die Verbindungsdaten werden nicht nur auf dem Handy gespeichert, sondern auch beim Provider! Wenn es wirklich um Aufklärung ginge, wäre der nächste Schritt ein ganz einfacher gewesen: Man hätte alle notwendigen Daten beim Provider abrufen können: Im September 2011 löste die Berliner Zeitung einigen Wirbel aus, nachdem sie veröffentlichte, dass »große Anbieter wie T-Mobile, Vodafone und E-Plus (…) mindestens einen bis sechs Monate lang (speicherten), welcher Mobilfunkkunde wann aus welcher Funkzelle wie lange mit wem telefoniert hat.« (FAZ vom 6.9.2011). Was DatenschützerInnen als klaren Verstoß kritisierten, verstanden alle Anbieter als »eine lange gängige Praxis«, an der sich auch nichts ändern wollten. Es gab also noch genug Zeit, an die Verbindungsdaten zu kommen!

Warum wurde dieser Schritt nicht unternommen? Warum beteiligen sich auch ›Aufklärer‹ an der Vertuschung?

Wurde Beate Zschäpe über André Eminger signalisiert, dass sie keine Chance habe, zu fliehen? Welche Kontakte zur Polizei, zu Verfassungsschutzbehörden hatte Eminger, um einen Deal einzufädeln?

Wer von höchster Stelle die Beseitigung von Beweismitteln anordnet, die auf diese Fragen Auskunft geben könnten, räumt diese Möglichkeit nicht aus, sondern läßt sie als wahrscheinlich erscheinen.

Für Beate Zschäpe ging es darum, ihr Leben zu retten, für die involvierten Verfassungsschutzämter ging es darum, mit ihr einen Deal zu machen, der ihre ›Gewährungsleistungen‹ bzw. ›Führungsrolle‹ vertuscht. Nachdem dieser Deal unter Dach und Fach war, stellte sich Beate Zschäpe ›freiwillig‹.

Dass dieser oder ein anderer Ablauf der Ereignisse – noch – nicht bewiesen werden kann, liegt nicht an den KritikerInnen, sondern an jenen, die seit 2011 vor allem mit einem beschäftigt sind: mit der Vernichtung von Beweisen, die der offiziellen Version den Boden unter den Füssen wegziehen würden.

Kapitel X
Die Abschaffung der Geheimdienste – oder:
Wer macht›s?

Der Verfassungsschutz macht keine Fehler – er ist der Fehler

In den 70er und 80er Jahren war die Forderung nach Abschaffung des Verfassungsschutzes ein äußerst minoritäres Anliegen, im Wesentlichen von denen vorgetragen, die in den jährlichen Verfassungsschutzberichten für ›Verfassungsfeinde‹ gehalten und dementsprechend observiert wurden. Eine nicht ganz so verdächtige Stimme war u.a. das Komitee für Grundrechte. Dieses verfasste 1990 folgende Erklärung:

> »Es ist an der Zeit, sich dieser Ämter zu entledigen. Wie die nahezu 40jährige Geschichte der ›Ämter für Verfassungsschutz‹ zeigt, sind verdeckt operierende Nachrichtendienste auch im Rechtsstaat weder rechtlich begrenzbar noch parlamentarisch kontrollierbar. Ihre Rechtsbrüche und Skandale sind systembedingt. Politische Geheimdienste zur Überwachung der Bevölkerung in einer auf Demokratie, auf Grundrechtsschutz und Rechtsstaatlichkeit verpflichteten Verfassungsordnung machen nicht nur Fehler sie sind der Fehler.« (taz vom 31. Mai 1990)

Weder die im Parlament vertretenen Parteien griffen dieses Demokratieangebot auf, noch waren die außerparlamentarischen Bewegungen dazu in der Lage, dieses Ansinnen durch die geschlossenen Fenster zu werfen.

Obwohl sich die Verfassungsschutzskandale häuften, mit den Pogromen, der Abschaffung des Asylrechts der Nährboden für Rassismus und Nationalismus gedüngt wurde, neonazistische Gruppierungen wie Pilze aus dem Boden schossen und mit ihnen V-Männer, die sie finanzierten, ausstatteten und beschützten ... wurde die Kritik nicht vielstimmiger, sondern eher kleinlauter und verzagter.

Nach fast 20-jähriger gespenstiger Stille, nach der neonazistischen Mordserie mehren sich zumindest wieder die Stimmen derer, die die Abschaffung der Geheimdienste fordern. Was dabei auffällt, dass diese Stimmen nicht nur von ganz links kommen, sondern bis weit in die rechte Mitte hineinreichen. Wenn es nicht so ernst wäre, könnte man an der illustren Menschenkette, die die Abschaffung des Verfassungsschutzes fordert, einen Heidenspaß haben.

Fangen wir ziemlich rechts an: Nils Minkmar, Feuilletonchef der FAZ, schrieb 20.11.2011 einen bemerkenswerten Artikel: »Heute können wir nur ihr völliges Versagen (das der Geheimdienste, d.V.) feststellen, mindestens zehn Menschen könnten noch leben, wenn sie ihre Arbeit gemacht hätten. *Die Dienste dienen nur sich selbst. Es ist darum richtig, sie aufzulösen.* Eine unabhängige Wahrheitskommission, wie sie etwa die Publizistin Carolin Emcke seit langem fordert, sollte die historischen Zusammenhänge zwischen Terrorismus und Geheimdienst ausleuchten.«

Kommen wir zu zwei links-liberalen Stimmen: In einem gerade erschienenen Plädoyer ›Nach dem Verfassungsschutz‹ (Berlin, 2012) haben die Politikwissenschaftler Claus Leggewie und Horst Meier die Forderung nach Auflösung des Verfassungsschutzes demokratietheoretisch begründet, und für eine neue Sicherheitsstruktur geworben, in der die politische Polizei, also die Staatsschutzabteilungen, *tatrelevante* Delikte verfolgen.

Schauen wir kurz bei der SPD vorbei. Unter der Überschrift »*Mehr Demokratie wagen: Verfassungsschutz auflösen!*« erinnert der Erfurter SPD-Kreisvorstandsitzende Peter Reif-Spirek an den Erfurter Parteitagsbeschluss, das Landesamt für Verfassungsschutz in Thüringen aufzulösen. (4.9.2012, http://www.spd-erfurt.de/themen/erfurter_notizen/notiz/mehr_demokratie_wagen_verfassungsschutz_aufloesen/)

Beenden wir den Rundflug mit einer Stellungnahme der Partei ›Die Linke‹: »Der Verfassungsschutz ist nicht reformierbar. Deshalb hat DIE LINKE die Abschaffung der Geheimdienste als Ziel in ihrem Erfurter Grundsatzprogramm aufgenommen. Und DIE LINKE fordert konkrete Schritte zur Auflösung dieser Behörde, angefangen beim sofortigen und endgültigen Abschalten aller V-Leute, und diskutiert derzeit verschiedene Lösungsansätze und Alternativen, wie zum Beispiel die Einrichtung offen und transparent arbeitender Forschungs- und Dokumentationsstellen sowie die Verwendung der frei-

werdenden Mittel für zivilgesellschaftliche Projekte und Initiativen.«
(linksfraktion.de vom 23. Oktober 2012)

Und nach dem Bekanntwerden der Paten-Rolle des MAD im Zusammenhang mit dem NSU hält es auch viele ParlamentarierInnen nicht mehr auf ihren Sitzen. Sie drängeln sich nach ganz vorne, vergessen ihre Parteidisziplin und lösen auf, was nur geht:

> »Nach der abermaligen Panne der Sicherheitsbehörden forderten am Mittwoch Grüne, Linke und FDP abermals die Auflösung von MAD und Verfassungsschutz. Die aktuellen Ereignisse hätten gezeigt, so Grünen-Fraktionschef Jürgen Trittin, dass beide Geheimdienste nicht reformierbar seien. MAD und Verfassungsschutz hätten jede Legitimität verloren, sagte Bundestags-Vizepräsidentin Petra Pau (Linke). Und Bundesjustizministerin Sabine Leutheusser-Schnarrenberger (FDP) ließ verkünden, sie fühle sich in ihrer Forderung nach Auflösung des MAD bestätigt.« (FR vom 12.9.2012)

Obwohl sich also die Stimmen derer, die die Abschaffung der Geheimdienste fordern, mehren, scheint kaum jemand Interesse daran zu haben, die nächsten Schritte zu skizzieren, kurzum Taten folgen zu lassen. Alle wissen es: Man kann sich tage- und nächtelang vor die vielen Geheimdienstgebäude stellen, ihre Abschaffung rufen, ohne dass ein Stein aus dem Geheimdienstkomplex herausfällt. Nein, die Forderung ist keine Trompete von Jericho und die Bibel ... lügt eben auch. Wenden wir uns also den praktischen Fragen zu.

Wer macht's?

Machtpolitisch wäre durchaus denkbar, dass es für die Forderung eine parlamentarische Mehrheit geben könnte – zumindest auf Länderebene und rein numerisch. Aber was passiert dann?

Bemerkenswerter Weise will niemand den Gedanken weiterspinnen bzw. konsequent zu Ende denken. Die Rechten machen es nicht, weil man einfach nur Unmut abschöpfen will und im Traum nicht daran denkt, die Geheimdienste abschaffen. Die Linke denkt nicht weiter, weil sie wohl ahnt, dass es für die Abschaffung der Geheimdienste mehr braucht, als eine Parole.

Denn, das, was machtpolitisch möglich wäre, wird bereits praktiziert: in Berlin. Dort hat die rot-rote Stadtregierung den Verfassungsschutz aufgelöst ... und niemand hat etwas davon bemerkt:

> »Tatsächlich hatte es auch in Berlin ein Landesamt für Verfassungsschutz (LfV) gegeben, bis zum Jahr 2000. Es wurde in etliche Skandale verwickelt und wurde abgeschafft. Seither ist die Abteilung II der Senatsverwaltung für Nachrichtenbeschaffung und deren Auswertung zuständig, Leiterin war seit 2001 Schmid.« (Berliner Zeitung vom 16.11.2012)

Dort hat man also die operativen Aufgaben des Verfassungsschutzes einfach in die Verwaltungsarbeit integriert, also einen Placebo-Effekt produziert: Die Partei ›Die Linke‹ konnte sagen, dass sie ihr Wahlversprechen gehalten hat, und die SPD konnte ihren Mitgliedern versichern, dass sich nichts ändern wird.

Wenn man also tatsächlich die Abschaffung der Geheimdienste im Sinn hat, muss man auf die Frage eine Antwort finden, was mit dem operativen Potenzial geschieht, das sich mit allem beschäftigt, was nach geltendem Strafrecht weder verboten ist, noch verfolgt werden kann. Es geht also nicht um das Abhängen eines Firmenschildes, sondern um die Verhinderung, dass das Aufgabenfeld ›Gefahrenabwehr‹, diesen sich selbst definierenden Raum, fortan jemand betritt – ganz gleich, ob er sich dabei als Geheimdienst oder Polizei ausgibt.

Wie wichtig es also ist, genau zu erklären, was man mit der Abschaffung der Geheimdienste meint, wird verständlich, wenn man sich vergegenwärtigt, dass deren Abschaffung eben nicht nur ein emanzipatorisches Anliegen ist. Ein nicht unbedeutender Teil derer, die ebenfalls die Geheimdienste ›abschaffen‹ wollen, hat ganz anderes im Sinn: Sie wollen Polizei- und Geheimdienste wieder zusammenbringen, also die Gunst der Stunde nutzen, um das zu institutionalisieren, was seit Jahren kleinteilig vollzogen wird: Die sukzessive Aufhebung des Trennungsgebots von Polizei und Geheimdienst – zurück zu dem, was man Geheimpolizei nennt, und was während der Nazidiktatur den Namen *Gestapo* trug.

Dabei ist der Unterschied zwischen denen, die die Geheimdienste reorganisieren, ›neu aufstellen‹ möchten und denen, die sie in die

Polizeiapparate eingliedern möchten, von der operativen Seite sehr gering. Die ersten möchten mit Rücksicht auf die nationalsozialistische Vergangenheit das Trennungsgebot zumindest formal aufrechterhalten, letztere halten die Zeit für gekommen, sich aufgrund der Vergangenheit nicht länger Fesseln aufzulegen.

Wie sehr die Verzahnung von Polizei- und Geheimdiensten gediehen ist, mit welchem Tempo sie vorangetrieben wird, kann man mit wenigen Stationen beschreiben: 2004 wurde das *Gemeinsame Terrorismus-Abwehrzentrum (GTAZ)* erfunden und eingerichtet. Drei Jahre später, 2007, wurde das Gesetz verabschiedet, das die Einrichtung gemeinsamer Dateien von Polizeibehörden und Nachrichtendiensten des Bundes und der Länder (Gemeinsame Dateien Gesetz – BGBl. I 2007, Nr. 66, S. 3409) erlaubt. Man nennt das Ganze ›*Antiterrordatei*‹ und so vage dies umrissen ist, so gigantisch sind die Möglichkeiten, diese Dateien zu füllen: »Erfasst werden bei den Polizeien und Nachrichtendiensten vorhandene – auch vage – Informationen zu Ziel- und Randpersonen (mutmaßlichen Unterstützern, Kontaktpersonen etc.) aus dem Bereich des internationalen Terrorismus und des ihn unterstützenden Extremismus mit Bezug zum Inland.« (http://www.bfdi.bund.de/DE/Schwerpunkte/Terrorismusbekaempfung/Artikel/Anti-Terror-Datei.html?nn=409954).

Ganz auf dieser Linie liegt auch das neu eingerichtete ›*Gemeinsame Abwehrzentrum gegen Rechtsextremismus*‹ (GAR), in dem BKA, Bundesamt für Verfassungsschutz, Bundespolizei, MAD, BND und die Generalbundesanwaltschaft nach dem Rechten sehen wollen. Kaum eingerichtet und ausgestattet, folgte das nächste Überwachungszentrum: Am 15.11.2012 eröffnete Bundesinnenminister Hans-Peter Friedrich (CSU) das sogenannte ›*Gemeinsame Extremismus-Zentrum*‹ *(GETZ)*. Verzahnt, vereinigt, verdoppelt werden dort sämtliche polizeiliche und geheimdienstliche Behörden von Bund und Ländern, das Bundeskriminalamt, die Landeskriminalämter, das Amt für militärischen Abschirmdienst und der Bundesnachrichtendienst. Auch das Bundesamt für Migration und Flüchtlinge und das Zollkriminalamt werden mit von der Partie sein.

GTAZ, GAR, GETZ ...

Wie viele Repressionszentren noch nötig sind, um all der Bedrohungen Herr zu werden, vor denen man unentwegt warnt, weiß niemand mehr so genau. Aber vielleicht ist das letzte Extremismus-Lagezentrum auch nur die Verpolizeilichung der Totalitarismustheorie, in der Rechts- und Linksextremismus so unglaublich ähnlich gemacht werden sollen, damit man – verdammt noch mal – vergisst, dass die wirkliche und blutige Übereinstimmung (in Vergangenheit und Gegenwart) zwischen bürgerlicher Mitte und Rechtsextremismus besteht.

Fakt ist: Die einzigen, die derzeit aus dem >NSU-Skandal< Honig ziehen, sind jene, die seit Jahrzehnten dafür sorgen, dass neonazistische Gruppierungen Terror ausüben, sich bewaffnen können und vor staatlicher Verfolgung geschützt werden.

Dass jene staatlichen Institutionen, die in den 70er und 80er Jahren neofaschistische Gruppierungen bewaffnet und als *Stay-behind*-Terrorgruppen (im Rahmen des Gladio-Programms) geführt haben, dass dieselben, die dafür gesorgt haben, dass die neonazistische Terrorgruppe NSU nicht auffliegt, heute mit dem belohnt werden, wonach sie sich schon immer die Finger geleckt haben, ist nicht nur blanker Hohn gegenüber den Opfern dieser terroristischen Politik. Es drückt auch aus, wie wenig sich die Architekten des Gewaltmonopols um die geäußerte Kritik scheren müssen und wie sicher sie sich sein können, dass sich ihnen niemand in den Weg stellt.

Wenn man also die Abschaffung der Geheimdienste fordert, sollte man mehr tun, als in die richtige Richtung zu weisen. Man sollte das politische Potenzial klar und ehrlich einschätzen, das dieser Forderung Nachdruck verleihen kann und man sollte vor allem sagen, was der Forderung folgen soll.

Es kommt also weniger auf eine wuchtige Forderung an, sondern vor allem darauf, eine Praxis zu entwickeln, die beweisen kann, dass sie in die richtige Richtung geht!

Dabei hilft ganz sicher eine historische Einordnung der Forderung nach Abschaffung der Geheimdienste. Geschichtlich betrachtet gab es keinen Geheimdienst, der von denen abgeschafft wurde, die ihn eingerichtet und ausgestattet hatten. Das gilt für diktatorische und parlamentarische Systeme gleichermaßen. Abgeschafft wurden sie nicht mit dem Instrumentarium des Systems, sondern als sich das System auflöste, als die herrschende Ordnung die politische und materielle Autorität verlor, die >oben< nicht mehr konnten, und die >unten< nicht mehr wollten. Dabei erwiesen sich die Geheimdienste in allen Herrschaftssystemen immer als letzte, als gewalttätigste Bastion. Das zeigt die Geschichte so vieler Geheimdienste, vom SAVAC zu Schah-Zeiten, bis hin zum Geheimdienst PIDE in Portugal...

Eine bundesweite Datei für Spitzel, kurz BDFS ...

Im Zuge vieler Recherchen und Leaks (undichter Stellen) wurden viele Nazi-Kader, die als V-Leute arbeiteten, enttarnt. Statt mit Codenamen abgespeist zu werden, heißt es jetzt: der V-Mann *Thomas Starke,* der V-Mann *Thomas Richter*, der V-Mann *Tino Brandt*, V-Mann *Marcel Degner*, V-Mann *Carsten Szczepanski*, V-Mann *Kai Dalek* usw.

Die Enttarnung zahlreicher V-Leute in neonazistischen Gruppierungen hat die VS-Ämter zu schrillen Warnungen verleitet: Man sehe die Arbeit des Verfassungsschutzes in Gefahr, denn der VS könne keine *neuen* Spitzel gewinnen, wenn er diese nicht glaubhaft schützen könne und er könne *alte* Spitzel nicht halten, weil sie die berechtigte Angst umtreibt, bald enttarnt zu werden.

Genau an dieser Angst muss man arbeiten, genau hier kann man anfangen.

Einen kleinen Schritt zu machen, anstatt vor dem großen in die Knie zu gehen, ist kein Kinkerlitzchen, sondern ein Schritt mehr, als stehen zu bleiben, um regungslos in die richtige Richtung zu weisen.

Wer die Abschaffung der Geheimdienste richtig findet, der kann und darf klein anfangen, die Waffe stumpf machen, die zu jedem Geheimdienst gehört: V-Leute, auch gemeinhin Spitzel genannt. Was bei Geheimdiensten oberste Priorität hat, >Quellenschutz<, also die Anonymität des Spitzels (bis hin vor Gericht), muss zu allererst aufgedeckt werden, ein Gesicht, einen Namen bekommen. Was Geheimdienste >Tarnung< nennen, muss enttarnt, bloßgestellt werden. Das Outen von enttarnten V-Leuten gehört vielerorts zur üblichen Praxis. Die Einrichtung einer bundesweiten Datei über aufgeflogene

V-Leute wäre ein nächster, notwendiger Schritt: Man könnte sie BDFS nennen.

Das ist sicherlich ein kleiner Schritt, bei dem man auch spürt, wie weit der Weg ist, die Geheimdienste tatsächlich abzuschaffen.

Staatsgeheimnis und/oder Staatsverbrechen

Zweifellos haben die Geheimdienste (VS/MAD) im Kontext der NSU-Mordserie viel Vertrauen verloren. Die Frage, ob der Verfassungsschutz tatsächlich die Verfassung schützt oder seine rechtwidrige Praxis, stellen viele. Waren die >Pannen< und >Versäumnisse< der Geheimdienste bei der Aufklärung der NSU-Morde ein einmaliger Vorgang, ein singuläres Ereignis?

Einige werden zu Recht Zweifel an dieser Einmaligkeit haben. Doch lässt es sich beweisen, dass die Geheimdienstpraxis kontinuierlich vom Rechtsbruch lebt? Kann man belegen, dass das Privileg von Geheimdiensten gerade darin besteht, jenseits der Verfassung zu operieren und sich der Überprüfbarkeit in aller Regel dadurch entziehen, dass sie ihr eigenes Handeln zum Staatsgeheimnis erklären, was nichts anders bedeutet, als einen rechts- und straffreien Raum zu schaffen?

Zweifellos gibt es viele Geheimdienstskandale seit Gründung der Bundesrepublik Deutschland, die meist damit enden, dass der Skandal letztlich nicht aufgeklärt werden konnte, dass viele Fragen offen blieben.

Die darin involvierten Geheimdienste machten für ihre Weigerung, an der Aufklärung mitzuwirken, übergeordnete Staatsinteressen geltend. Sie verweigerten die Aussagen, verweigerten die Herausgabe von Akten und nicht selten waren sie vor allem darin aktiv, falsche Spuren zu legen, die juristische und politische Aufklärung massiv zu behindern.

Am Ende eines jeden Skandals steht die – von jeder Überprüfbarkeit freigestellte – offizielle Version, also ein Glaubensbekenntnis und wer aus genau diesen Gründen dieser offiziellen Version widerspricht, wird in das Reich der Verschwörungstheorien eingewiesen.

Wenn wir in keinem Gottesstaat leben, also nicht der Glaube zählt, sondern überprüfbare Fakten, dann gäbe es ein ganz einfache, absolut sichere Methode diesen ›Glaubenskrieg‹ zu beenden: Die Offenlegung aller Akten der Geheimdienste aus den Jahren 1950 bis 1980. Dann könnte z. B. öffentlich überprüft werden, ob der Bombenanschlag auf das Oktoberfest in München 1980 ein irrer Anschlag eines Einzeltäters war oder die Geheimdienste einen erheblichen Tatbeitrag lieferten, damit dieses Massaker passieren konnte, und Spuren, die der Einzeltätertheorie widersprachen, beseitigt worden sind. Eine Offenlegung aller Akten würde für alle überprüfbar machen, ob neonazistische Gruppierungen (wie die ›Wehrsportgruppe Hoffmann‹ z.B.) in den 70/80er Jahren von Geheimdiensten im Rahmen von ›Gladio‹ geführt und ausgerüstet wurden oder ob es sich um eine wahnsinnige Annahme von VerschwörungstheoretikerInnen handelt.

Die Forderung nach einer *Gauk-Behörde-II*, zu der alle BürgerInnen Zugang hätten, würde das Feld, auf dem sich Mutmaßungen und Verschwörungstheorien gleichermaßen bewegen müssen, auf demokratische und überprüfbare Weise so klein machen, dass wir am Ende wüssten, ob das, was zum Staatsgeheimnis erhoben wird, den ›Interessen der Bundesrepublik‹ dient oder dem Schutz von Staatsverbrechen. Das Versprechen, das auch der Chef des Bundesamts für Verfassungsschutz abgegeben hat, für mehr Transparenz zu sorgen, könnte auf diese rechtschaffene Art und Weise einem Wirklichkeitstest unterzogen werden.

Dass sich die Bundesregierung in dieser Frage eher mit Diktaturen, als mit demokratischen Verfassungen messen lässt, unterstreicht ihre ›Antwort‹ auf eine Anfrage der Partei DIE LINKE, die in diese Richtung einen Vorstoß gemacht hat.

In einer kleinen Anfrage wollte die Bundestagsabgeordnete Ulla Jelpke (Die Linke) Auskunft darüber erlangen, welche V-Leute des Verfassungsschutzes rund um die in den 70er Jahren gegründete neonazistische ›*Wehrsportgruppe Hoffmann*‹ (WSG) tätig waren, über welches Wissen sie verfügen und wie nahe sie an der neonazistischen Terrorgruppe platziert waren.

Obwohl dieser ›Fall‹ über 30 Jahre zurückliegt, obwohl die ›Wehrsportgruppe Hoffmann‹ 1980 verboten wurde, also keinerlei aktuelle Ermittlungen einer Auskunft im Wege stehen, war die Antwort der Bundesregierung von sonnenstaatlicher Art: Hierzu könne aus »*Gründen des Staatswohls* keine Auskunft gegeben werden«. (Junge Welt vom 26.2.2013)

Um herauszubekommen, *wer* für *welches* Staatswohl *was* macht, gibt es keinen besseren Weg, als die Öffentlichmachung der Staatsschutzakten aus den Jahren 1950 bis 1980.

Damit sind die Geheimdienste noch lange nicht abgeschafft, aber man darf die These in den Raum stellen, dass mit der Einrichtung einer GAUK-Behörde-II die Frage geklärt werden kann, was dem Schutz der Verfassung dient und was dem Schutz staatsterroristischer Aktivitäten.

Kapitel XI

Stand antifaschistischer Bewegung

»Es wird Zeit, dass die Antifabewegung das Thema NSU nicht mehr der Zivilgesellschaft überlässt«. Unter dieser Überschrift hat Maike. Zimmermann für die Zeitung ›analyse & kritik‹ (ak) die schwer erklärliche Stille innerhalb des antifaschistischen Spektrums beschrieben:

> »Vor fast einem Jahr, am 4. November 2011, wurde die Mordserie des Nationalsozialistischen Untergrunds (NSU) bekannt. Seitdem reißen die Meldungen über Versagen und Ungereimtheiten bei den Behörden für Verfassungsschutz nicht ab. Man könnte meinen, dass es vor allem die antifaschistische Bewegung ist, die den vielschichtigen Skandal um den NSU thematisiert. Doch jene Bewegung wurde vom Eintreffen der eigenen Vorhersagen nicht nur böse überrascht (siehe ak 573), sie hält sich seitdem politisch weitgehend zurück – wenn man von den sehr aktiven antifaschistischen Publikationen und Recherchenetzwerken absieht.
>
> Warum lässt sich die ›autonome Antifa‹ solch ein ureigenes Thema – Neonazismus – aus der Hand nehmen? Bei den meisten Antifaaktionen des vergangenen Jahres findet sich wenig mehr als ein Standardsatz zum Thema NSU. Versuche, das Thema aktiv in den Mittelpunkt der eigenen Politik zu rücken, gibt es kaum.« (ak, Nr. 576/19.10.2012)

Bevor ich dem Aufruf an die autonome Antifa nachgehe, muss man noch der Gegenüberstellung ›autonome Antifa‹ und ›Zivilgesellschaft‹ nachgehen, damit die Adressaten klarer werden. Auf den ersten Blick scheinen es klar umrissene Konstanten zu sein. Tatsächlich handelt es sich eher um schwimmende Variablen, die je nach Wissen und Nähe unterschiedlich belegt, unterfüttert werden.

Mit ›autonomer Antifa‹ ist wohl das Spektrum innerhalb antifaschistischer Gruppierungen gemeint, das für sich in Anspruch nimmt, Antifaschismus nicht nur auf einen Kampf gegen Neonazismus zu reduzieren. Schließlich sind Nationalismus und Antisemitismus keine ausschließliche Domäne, kein Alleinstellungsmerkmal neonazistischer Gruppierungen, sondern durchaus auch in der Mitte der Gesellschaft, als auch im demokratischen Parteienspektrum beheimatet (>Extremismus der Mitte<). Ein Teil der autonomen Antifa-Gruppen (vor allem das *Um's Ganze-Bündnis*<) formuliert als Ziel den Kommunismus, der bei aller Vagheit den Kampf gegen den kapitalistischen Normalzustand voraussetzt bzw. einschließt. Wahrscheinlich spielt der Aufruf von Maike Zimmermann auf diese selbst formulierten Ansprüche an, wenn er von ihnen mehr erwartet, als von der Zivilgesellschaft.

Doch wen und was meint Maike Zimmermann mit >Zivilgesellschaft<? Geht man davon aus, dass damit weder die politischen Parteien, noch die Presse gemeint sind, die sich um Aufklärung bemühen, so bleibt als Zivilgesellschaft nicht viel übrig: Man könnte im Kontext dieser Thematik das Komitee für Grundrechte anführen, die Humanistische Union oder den Republikanischen Anwaltsverein (RAV). Fairerweise muss man dann auch sagen, dass auch von diesem Spektrum keine politische Initiative ausgeht, die über die Aufforderung nach >lückenloser< Aufklärung oder nach Abschaffung des Verfassungsschutzes hinausgeht. Und mir ist keine Analyse bekannt, die über den Topos >der Verfassungsschutz ist auf dem rechten Auge blind< hinausreicht. Was durchaus in den Bereich ihrer Möglichkeiten und Ressourcen fiele, die Initiierung eines *Russell-Tribunals* (wie in den 70er Jahren gegen die Berufsverbote z.B.) oder eine Anzeige (gegen führende Staatsdiener wegen des Verdachts auf Beihilfe zu Mord) durch prominente Vertreter der Zivilgesellschaft, die für eine Ermittlung in *alle* Richtungen sorgt, bleibt bisher ebenfalls aus. Der spektren-übergreifende Virus der Ratlosigkeit und Handlungsohnmacht macht die Gegenüberstellung eher fraglich, als dass sie Unterschiede deutlich macht.

Dennoch ist verständlich, dass sich Unmut und Hoffnungen zuerst auf das Spektrum beziehen, das man aufgrund seines eigenen Selbstverständnisses für erreichbar hält.

In der Tat verwundert die politische Zurückhaltung innerhalb des autonomen Antifa-Spektrums: Schließlich sind es vor allem Antifagruppen gewesen, die seit Jahren auf neonazistische Kameradschaften wie den Thüringer Heimatschutz, die ›Blood & Honour‹-Gruppierungen und auf das allgemeine Erstarken neonazistischer Gruppierungen aufmerksam gemacht haben. Sie haben nicht nur versucht, Aufmärsche zu verhindern, sie haben auch versucht, das Verschweigen dieser Entwicklung, das ›Wegtolerieren‹ durch kommunale und staatliche Behörden, das Bagatellisieren durch die meisten politischen Parteien zu thematisieren. Was heute Behördenwissen ist, was in vielen Medien an Informationen über neonazistische Strukturen verbreitet wurde, stammt großenteils aus den Recherchen von Antifa-Zusammenhängen, die ihr umfangreiches Material teils freiwillig, teils unfreiwillig zur Verfügung stellten.

Dass kommunale und staatliche Behörden und die regierenden politischen Parteien seit Jahren diese Entwicklung kleinreden, indem sie sie am ›rechten Rand‹ verorten, dass die zahlreichen Möglichkeiten, gegen sie strafrechtlich vorzugehen, nicht genutzt wurden, ist kein Vorwurf, der sich auf den NSU alleine bezieht. Dass jeder Versuch, diese Entwicklung zu stoppen, sich den Neonazis in den Weg zu stellen, von staatlicher Seite mit offener Repression, mit zahlreichen Verbotsverfügungen, unzähligen Strafanzeigen, bis hin zu Ermittlungen wegen des Verdachts der Bildung/Unterstützung einer krimineller Vereinigung (nach §129) bedacht, also kriminalisiert wurde, ließe sich an zahlreichen Beispielen im Detail belegen.

Sicherlich das groteskeste Beispiel liefert Dresden im Jahr 2011. Jahrelang konnten dort im Schutz der Regierungsparteien und der Polizei Tausende Neonazis aufmarschieren, um der ›Opfer des Bombenterrors‹ von 1945 zu gedenken. Auf dem Höhepunkt dieser neonazistischen Wallfahrt marschierten über 8.000 Neonazis unter dem Schutz der Polizei durch Dresden.

Die Stadt Dresden tat nichts, um diesem demonstrativen Geschichtsrevisionismus politisch entgegenzutreten. Sie tat hingegen alles, um den Protest dagegen zu ersticken bzw. die notwendige Auseinandersetzung darum als einen Streit unter Extremisten abzutun.

Einig waren sich die Stadtherren Dresdens jedenfalls in einem: Sie wollten Ruhe vor der faschistischen Vergangenheit, wollten in Ruhe ihre reaktionäre Politik exekutieren, die man politisch durchaus als

>Extremismus der Mitte< bezeichnen kann und die schließlich bundesweit strafrechtlich als >Sachsensumpf< bekannt wurde.

Die erhoffte Ruhe bekamen die Stadtherren nicht: 2010 entschieden sich zahlreiche politische Gruppierungen, die weit über die existierenden Antifa-Gruppen hinausreichten, bundesweit nach Dresden zu mobilisieren, um dort endlich diese Wallfahrt der Neonazis zu beenden. Waren es die Jahre davor ein paar Hundert, so kamen 2010 über 12.000 Menschen, um den geplanten Naziaufmarsch zu stoppen. Überrascht von der Massenmobilisierung sahen sich die Behörden dazu gezwungen, die Marschroute der Neonazis erheblich zu verkürzen.

Wie in Dresden selbst, blieben auch im Freistaat Sachsen über einen Zeitraum von über zehn Jahren alle Versuche aus, die gewonnenen Erkenntnisse über die abgetauchten Mitglieder des THS zu nutzen. Bis heute verstecken sich die Behörden in Sachsen hinter einem Berg von Pleiten, Pech und Pannen.

Wozu dieselben Behörden bereit und in der Lage sind, wenn es um die Verfolgung von AntifaschistInnen geht, bewiesen sie fortan: Sie leiteten gegen AntifaschistInnen Ermittlungsverfahren wegen Bildung/Unterstützung einer kriminellen Vereinigung (nach § 129) ein. Der Vorwurf lautete, sie wären an Aktionen gegen Neonazis beteiligt gewesen. Es folgten Dutzende Hausdurchsuchungen, man beschlagnahmte >verdächtiges< Material, man observierte vermeintliche Mitglieder, man überwachte die Kommunikation. Statt Versagen und Pannen war nun Effektivität und behördenübergreifende Zusammenarbeit gefragt – und kein Problem.

2011 sollte eine weitere bundesweite Mobilisierung an diesen Erfolg anknüpfen, mit dem Ziel, den Aufmarsch ganz zu verhindern. Damit war auch das Schweigen der Stadtherren nicht mehr opportun. Anstatt das Faktum dieses neonazistischen Aufmarsches weiterhin >wegzutolerieren< entschied man, ein bisschen >Gesicht zu zeigen<. Mit einer Menschenkette rund um die Dresdner Innenstadt sollte das anständige Deutschland Farbe bekennen. Doch die Stadtherren beließen es nicht bei diesem Imagelifting. Sie wiesen ihre Polizei und Staatsschutzabteilung an, alles zu unternehmen, damit die angekündigte Blockade des Neonaziaufmarsches ohne Erfolg bleiben sollte. Busse wurden aufgehalten und durchsucht, Tausende Polizeibeamte waren im Einsatz, um den Neonaziaufmarsch >störungsfrei< zu gestalten. Dennoch gelang es dem Bündnis *>Nazifrei! Dresden stellt sich quer<*, mit über 10.000 TeilnehmerInnen, den Aufmarsch der Neonazis massiv einzuschränken. Waren die Stadtherren in ihrer Wertung ein Jahr zuvor noch zurückhaltend, so änderten sich mit diesem abermaligen Erfolg Ton- und Gangart erheblich: Man ließ Dresden und den Rest der Welt wissen, dass »es am 19. Februar 2011 zu zahlreichen, äußerst gewalttätigen Ausschreitungen von Personen (kam), die dem linken und rechten Spektrum zuzuordnen waren ... Die Gewalteskalation dauerte über mehrere Stunden und hatte erhebliche Personen- und Sachschäden zur Folge. Dabei wurden auch 112 Polizeibeamte teilweise schwer verletzt.« (Gemeinsamer Bericht des Sächsischen Staatsministeriums der Justiz und für Europa und des Sächsischen Staatsministeriums des Innern vom 24. Juni 2011)

Handy-Gate

Mit diesem Bild im Kopf bekamen die Ermittlungsbehörden genau das, was sie wollten: Eine Sonderkommission mit der Bezeichnung >SOKO 19/2<, ausgestattet mit Befugnissen, von denen jede Sonderkommission träumt: Zugriff auf alle Handydaten von mutmaßlichen DemonstrationsteilnehmerInnen am 19.2.2011 im Rahmen eines richterlichen Beschlusses zur Funkzellenabfrage.

Offizieller Stand dieser Funkzellen-Razzia ist: Man habe insgesamt 14 >Tatorte<, also Blockadepunkte via Funkzellenauswertung ausgeforscht, dabei 138.630 Datensätze übermittelt bekommen, denen man 65.645 verschiedene Rufnummern zugrunde legen konnte. Doch damit nicht genug: »In einem *anderen* Ermittlungsverfahren hat die Staatsanwaltschaft am 25. Februar 2011 bei dem Amtsgericht Dresden weitere Beschlüsse erwirkt, mit denen Auskunft über Verkehrsdaten bestimmter Funkzellen in einem bestimmten Bereich für genau bestimmte zurückliegende Zeiträume ermittelt werden sollten. *Diese Daten umfassten den Zeitraum 18. – 19. Februar 2011.* Insgesamt wurden für diesen Zeitraum 896.072 Verkehrsdatensätze erfasst. Diese wurden aufgrund Verfügung der Staatsanwaltschaft vom 25.

Mai 2011 am 09. Juni 2011 vom Landeskriminalamt Sachsen an die SOKO 19/2 übermittelt. Dieser ging eine Anregung der Polizeidirektion Dresden voraus, dass die in diesem Verfahren erhobenen Daten in dem Verfahren wegen Landfriedensbruches herangezogen werden dürfen, da die in diesem Verfahren tatverdächtigen Personen auch als Tatverdächtige in den Fällen des schweren Landfriedensbruchs vom 19. Februar 2011 in Frage kommen könnten.« (Gemeinsamer Bericht des Sächsischen Staatsministeriums der Justiz und für Europa und des Sächsischen Staatsministeriums des Innern vom 24. Juni 2011)

Zusammengefasst wurden also ca. eine Million Daten erfasst, und dies mit der abenteuerlichen Begründung, man wolle und könne so den Vorwurf des Landfriedensbruchs aufklären. Dass diese flächendeckende Funkzellenabfrage rechtswidrig war und ist, weiß jeder Anfänger im Fach ›Strafrecht‹: Das flächendeckende Abfangen und Auswerten von Handydaten ist nur bei »Verfolgung von Straftaten von erheblicher Bedeutung«[1] möglich. Die Verhinderung eines Neonaziaufmarsches kann vieles sein: richtig, legitim, verfassungskonform, im schlechtesten Fall ›Nötigung‹, nur keine »Straftat von erheblicher Bedeutung«.

Wie man dieser umständlichen Erklärung auch sehr gut entnehmen kann: Was im Fall der NSU-Morde unmöglich gewesen sein soll, klappt bei der Verfolgung von AntifaschistInnen ausgezeichnet: Alle Behörden arbeiten Hand in Hand, auf allen Ebenen. Man steht sich nicht im Weg, man steht zusammen, man hält zusammen.

Was in dieser gigantischen Datenwolke jedoch unterging oder vielleicht sogar untergehen sollte, war noch etwas weit Wichtigeres: Es wurden nicht nur mögliche TeilnehmerInnen der Blockadeaktionen *im Nachhinein* ›erfasst‹ – auch am Tag der Blockade selbst wurde zeit-

---

1 »Die Maßnahme (...) ist nur zulässig, wenn die Voraussetzungen des § 100a vorliegen und die Durchführung der Überwachungsmaßnahme ohne die Ermittlung der Geräte- oder Kartennummer nicht möglich oder wesentlich erschwert wäre. Die Maßnahme nach Absatz 1 Nr. 2 ist nur im Falle einer Straftat von erheblicher Bedeutung und nur dann zulässig, wenn die Ermittlung des Aufenthaltsortes des Täters auf andere Weise weniger erfolgversprechend oder erschwert wäre ...« (BVerfG, Beschluss vom 22.8.2006, Az.: 2 BvR 1345/03)

nah der Handyverkehr über eingesetzte IMSI-Catcher[2] umgeleitet und von Verfolgungsbehörden ausgewertet. Selbstverständlich ist auch der Einsatz von IMSI-Catcher daran geknüpft, dass (nur) so Straftaten von erheblicher Bedeutung verhindert/aufgeklärt werden können. Auch diese Hürde übersprangen die (sächsischen) Behörden spielend: Man behauptete, dass man an diesem Tag Mitglieder besagter krimineller Vereinigung verfolgen wollte, die man – wo auch sonst – unter den BlockadeteilnehmerInnen vermutete. Die so rechtswidrig erlangten Daten führten völlig absehbar nicht zur Verhinderung einer erheblichen Straftat, dafür jedoch zu Polizeiüberfällen auf ein Rechtsanwaltsbüro, das ›Jugendprojekt Roter Baum‹ und ein Büro der Dresdner Linkspartei.

Auf der einen Seite erleben also viele AntifaschistInnen, wie geschmiert das Räderwerk der Repression läuft, wenn es um die Kriminalisierung von Antifaschismus geht. Nur wenn es um die Verfolgung neonazistischer Mordtaten geht, geht die ganze Ordnung, die ganze Potenz, der ganze Verfolgungswillen auf einen Schlag flöten. Antifaschismus nicht dem Staat zu überlassen, schon gar nicht die ›Aufklärung‹ der NSU-Mordserie dürfte, also das Anliegen vieler sein, könnte man meinen. Und dennoch wirkt diese Stille so, als ginge das viel zu vielen nichts an. Woran liegt es, dass der weitverbreiteten Empörung über den 1001. Skandal bei der ›Aufklärung‹ der NSU-Morde kein nächster, kein eigenständiger Schritt folgt?

Zweifellos ist es einfacher, sich aufmarschierenden Neonazis in den Weg zu stellen. Die Handlungsoptionen liegen auf der Hand, sie

---

2 »Mobiltelefone, die in empfangsbereitem Zustand mitgeführt werden, melden sich in kurzen Abständen bei der für sie gerade ›zuständigen‹ Basisstation des Mobilfunknetzes an. Das gesamte Mobilfunknetz ist entsprechend einem Raster in einzelne Zellen aufgeteilt. Zum Empfang eingehender Anrufe oder Kurzmitteilungen ist die genaue Lokalisierung des Standortes des Mobiltelefons durch den Mobilfunknetzbetreiber nötig. Im Rahmen dieser ständigen Positionsangabe werden unter anderem die Kartennummer (IMSI) und die Gerätenummer (IMEI) des Mobiltelefons an die Basisstation gesendet. Dieses Prinzip nutzt der ›IMSI-Catcher‹, indem er innerhalb einer Funkzelle eine Basisstation des Mobilfunknetzes simuliert. Sämtliche eingeschaltete Mobiltelefone, die sich im Einzugsbereich des ›IMSI-Catchers‹ befinden, senden nunmehr ihre Daten an diesen. Auf diese Weise ist es möglich, Karten- und Gerätenummer sowie den Standort des Mobiltelefons zu ermitteln.« (BVG-Urteil vom 22.8.2006/ 2 BvR 1345/03)

sind eingeübt, sie genießen moralische und politische Legitimität, wie bspw. ein Blockadeaufruf.

Wie will man hingegen gegen die entsprechenden Innenministerien (als oberste Dienstherren) vorgehen, gegen einen Verfassungsschutz? So wenig sich die Parole ›*Kein Fußbreit den Faschisten*‹ von alleine einlöst, so wenig löst sich der Ruf nach ›*Abschaffung der Geheimdienste*‹ von alleine ein. Wenn man einen Neonaziaufmarsch verhindert, hat man den Neofaschismus nicht besiegt, nicht beseitigt, man hat zunächst einmal nur einen Schritt getan, für diese Parole eine Praxis zu entwickeln, die für viele tragbar und umsetzbar ist.

Es muss also einen Grund geben, warum dem berechtigten Ruf nach ›Abschaffung der Geheimdienste‹ keine Praxis folgt. Zweifellos spüren alle, dass es etwas anderes ist, ob man sich Neonazis oder den Geheimdiensten in den Weg stellt. Die Schwäche der Linken spielt also sicherlich eine Rolle, erst gar nicht nach einer Handlungsoption zu suchen.

Im Folgenden soll ein anderer Ansatz im Mittelpunkt stehen, der diese Ratlosigkeit, die Folgenlosigkeit möglicherweise besser erklären kann. Sich etwas nicht zuzutrauen, sich einer für notwendig gehaltenen Konfrontation nicht gewachsen zu fühlen, ist das eine. Das würde uns jedoch nicht daran hindern, die NSU-Morde, die Rolle und Verfasstheit des Staates, die Bedeutung des (institutionellen) Rassismus in gesamtgesellschaftliche Zusammenhänge einzuordnen.

In den wenigen Artikeln, die bisher aus antifaschistischen Zusammenhängen heraus geschrieben wurden, fällt auf, dass sie ausgesprochen unbestimmt sind: Man spricht von unsäglichen Pannen, man reproduziert das Bild von einem Staat, der auf dem rechten Auge blind sei. Man klagt an, dass der Verfassungsschutz ›versagt‹ habe – als könne Qualitätsmanagement und Effizienz dieser Behörde ein Grund sein, an ihr festzuhalten.

Zwischen dem, was man überall lesen kann, und der Forderung nach Abschaffung der Geheimdienste klafft eine große Lücke.

Eine ähnlich große Lücke tut sich auf, wenn wir uns und anderen erklären wollen, was man unter Rechtsstaat versteht und dem, was unter Faschismus verstanden werden muss. Diese weitgehend schwimmenden Definitionen fliegen uns spätestens dann um die Ohren, wenn wir uns darum bemühen, den staatlichen Beitrag zu den NSU-Morden einzuordnen.

Liegt der Staatsbeitrag zum NSU noch im Toleranzbereich einer bürgerlichen, parlamentarischen Ordnung? Und wenn nicht, worauf verweist das? Spätestens jetzt müssten wir klären, worin die wesentlichen Unterschiede zwischen einer bürgerlichen parlamentarischen Ordnung und einer faschistischen Herrschaft bestehen.

Was sind die Wesensmerkmale einer bürgerlichen, parlamentarisch verfassten Ordnung? Woran machen wir substanzielle Veränderungen einer staatlichen Ordnung fest? Und was ist damit gemeint, wenn der Historiker Wolfgang Wippermann auf einer Veranstaltung in Berlin am 19.11.2012, die die NSU-Mordserie zum Thema hatte, von einer >*Faschisierung von oben*< spricht?

Diese Fragen sind nicht neu und sie betreffen viele Gruppierungen, weit über das antifaschistische Spektrum hinaus.

So wurde in der AntiNaziKoordination (ANK) Frankfurt seit ihrer Gründung 2001 nicht mehr darüber diskutiert, was man unter dem historischen Faschismus (1933-1945), was man unter >neuen Nazis< heute versteht, was man faschistischen Kontinuitäten zuordnet, was sich deutlich davon unterscheidet. Die Angst, sich an den verschiedenen Definitionen und Einschätzungen zu zerstreiten, ist wahrscheinlich in vielen Gruppen groß. Schnell steht die Frage im Raum: Wobei soll einem schon eine Faschismustheorie helfen? Was bringt denn eine kluge Analyse, wenn man damit keinen Naziaufmarsch verhindern kann?

Das ist auf den ersten Blick richtig, verständlich, vor allem pragmatisch. Darüber hinaus wird es ziemlich falsch.

Eine gemeinsame Analyse der letzten 10 bis 15 Jahre ist nicht dazu da, die eigene Praxis zu rechtfertigen, sondern Verhältnisse auf den Punkt zu bringen – unabhängig davon, ob die Ergebnisse der eigenen Theorie und Praxis schmeicheln oder nicht.

Viele Fragen, die in den letzten Jahren aufgekommen sind, sind nur gemeinsam zu beantworten, auch auf die Gefahr hin, dass blind hinterlegte Selbstverständlichkeiten ins Wanken geraten – auch auf die Gefahr hin, dass wir erkennen, dass stille Fortschreibungen eine Praxis bestimmen, die zunehmend ins Trudeln gerät.

Die derzeit deutlich werdende Schwierigkeit, die Mordserie des NSU einzuordnen, die Rolle der sich abwechselnden Regierungsparteien und der staatlichen Institutionen darin zu verorten, hat auch mit Fragen zu tun, die schon lange im Raum stehen:

Welche Rolle spielen neonazistische Organisationen/Parteien heute? Welchen Nutzen haben neofaschistische Gruppierungen für das politische System, für die gegenwärtigen Machteliten? Gibt es relevante Fraktionen im Staatsapparat, die den Neonazismus als eine Art irreguläre >Systemreserve< begreifen? Weisen die kontinuierlichen neonazistischen Angriffe, die >national befreiten Zonen< in manchen Regionen darauf hin, dass neofaschistische Politiken eine ernst zu nehmende Alternative zum bürgerlichen Staat darstellen?

Wie schätzt man die Entwicklungen innerhalb des politischen Systems ein? Ist der Überwachungsstaat ein Wegbereiter des Faschismus? Kann man, muss man die totalitären Tendenzen im Staatsverständnis (die massiven Einschränkungen von Schutzrechten gegenüber dem Staat, die sukzessive Aufhebung der Gewaltenteilung) als deutliche Anzeichen für eine institutionelle Faschisierung – ohne Bewegung – begreifen?

Die schon viel zu lang anhaltende Ratlosigkeit erzeugt nicht nur ständige Wiederholungen, sie führt geradezu zwanghaft zu einem Pragmatismus, zum kleinsten gemeinsamen Nenner: *Bunt statt Braun.* Ein Pragmatismus, der mit viel Energie und Aufwand auf immer dieselbe Mauer prallt – und sich jedes Mal den Unfall nur so erklären kann, dass man künftig mit noch mehr Kraft, mit noch mehr Masse das Ziel ansteuern müsse.

Eine Verständigung, eine Debatte darüber, was unter Faschismus und Neonazismus, aber auch unter >Nationalsozialismus< zu verstehen ist, wie man die Verfasstheit dieser Republik einordnet, würde nicht nur die Einsilbigkeit gegenüber dem NSU-VS-Komplex beenden, sie könnte auch den Stellenwert neu bestimmen, den der Kampf gegen Neonazis haben soll.

Werfen wir also im nächsten Kapitel einen Blick auf die jüngere Geschichte des Antifaschismus und skizzieren in großen Schritten, wie dieser die bedrohlichen Entwicklungen der letzten fünf Jahrzehnte einzuordnen versuchte.

Kapitel XII

Faschismustheorien: Von der Renazifizierung über den neuen / institutionellen Faschismus bis zum 4. Reich

Die Sorge und Angst, dass die militärische Niederlage des deutschen Faschismus 1945 nicht sein Ende markierte, dass es sich um eine erzwungene, möglicherweise temporäre Niederlage handelte, umtrieb viele Menschen, die das ›Dritte Reich‹ überlebt hatten.

So jung die Bundesrepublik Deutschland ist, so alt ist die Frage, wie fruchtbar der Boden für einen neuen Faschismus in Deutschland ist, wie viel Faschismus überlebt hat, wie viel Faschismus am Wiederaufbau beteiligt war. So verwundert kaum, dass die Entstehung der außerparlamentarischen Linken seit den 1960er Jahren ohne die Auseinandersetzung mit dem deutschen Faschismus nicht zu verstehen ist.

Aber genauso stimmt es, dass die unterschiedlichen Einschätzungen darüber, mit welchem Nachkriegsdeutschland wir es zu tun haben, zu sehr unterschiedlichen Konsequenzen und nicht selten zu großen Zerwürfnissen und Brüchen innerhalb der antifaschistischen Bewegungen und Organisationen geführt haben.

Renazifizierung (60er Jahre)

Der Krieg war kaum vorbei, die Trümmer kaum beseitigt, da begannen bereits die nächsten Kriegsvorbereitungen, die Rückbesinnung auf einen alten Feind: den Kommunismus. Der Umstand, dass die kapitalistischen Staaten nicht alleine den deutschen Faschismus besiegten, sondern die sozialistische Sowjetunion dabei eine herausragende Rolle spielte, konnte man ihr kaum verzeihen. Was in Folge als ›Kalter Krieg‹ bezeichnet wurde, war der Versuch, die wirtschaftliche, militärische und politische Bedeutung der Sowjetunion, die Macht des Ostblocks als Systemalternative einzudämmen und eine mögliche ›Ansteckungsgefahr‹ im Keim zu ersticken.

Da die alte BRD als Frontstaat zum sozialistischen Ostblock verstanden wurde, galt es auch innenpolitisch den Feind zu bestimmen:

Das war in erster Linie die KPD. In rasend schnellem Tempo wurden aus geehrten WiderstandskämpferInnen Staatsfeinde, die man mit allen Mitteln verfolgte. Am Ende dieser Kommunistenhatz stand das Verbot der KPD im Jahr 1956. Ein ähnlicher Schwenk vollzog sich auf der Ebene der militärischen Rolle des Nachkriegsdeutschlands. In den ersten Jahren nach Kriegsende wollten die Siegermächte aus (West-)Deutschland eine mehr oder weniger entmilitarisierte Zone machen: Von Deutschland aus sollte nie wieder ein Krieg ausgehen können. Diese Haltung wurde aber sehr schnell zugunsten einer Remilitarisierung und Wiederbewaffnung aufgeben. Diese Entwicklung führte schließlich auch zu der ersten großen Massenbewegung nach dem Kriegsende: die Bewegung gegen die Wiederbewaffnung. Für diese gravierende Richtungsänderung brauchte man verlässliches, geübtes Personal. Wer eignete sich zur Durchsetzung der Ziele ›Wiederbewaffnung‹ und ›Kampf dem Kommunismus‹ besser, als die ehemalige Staatselite des deutschen Faschismus? Die NS- und SS-Mitglieder brachten beides mit: den Antikommunismus und den Militarismus. Einer von vielen Gründen, warum die Elite des deutschen Faschismus fast bruchlos übernommen wurde:

> »Bekannt ist, welch einflussreiche Positionen diese treuen Diener Hitlers und reuelosen Nazis unter dem Deckmantel der Demokratie und dem Vorwand der Unentbehrlichkeit z. B. im Außenministerium, im Ministerium des Bundesministers Oberländer besetzt haben. Der Kommentator der Nürnberger Rassegesetze, Globke, ist Staatssekretär des Bundeskanzlers. Einer jüngsten Pressemeldung zufolge gehörten von den jetzt ernannten 38 Generälen 31, von 237 Obersten 100 dem Generalstab Hitlers an. Noch nicht untersucht wurde, wie viel ehemalige Gestapobeamte und SD-Führer die Organisation des Hitler-Generals Gehlen zieren.« (Protokoll des IV. Bundeskongress der VVN in München vom 17.-19. Mai 1957, S. 51)

Was damals zu Recht angenommen werden durfte, ist mittlerweile auch wissenschaftlich erforscht: Die Organisation Gehlen, Vorläuferorganisation des BND, bestand in seiner Führungsebene über die Hälfte aus ehemaligen Nazi-Kadern.

Dass diese Entwicklung als >Renazifizierung< angeprangert wurde, ist also mehr als verständlich. Und in der Tat verschärfte sich das innenpolitische Klima, als die Große Koalition aus CDU/CSU und SPD Mitte der 60er Jahre >Notstandsgesetze< ausarbeiten ließ, die die Aufhebung demokratischer Schutzrechte in >Krisenzeiten< erlauben. Auch darin sahen viele eine Bereitschaft der politischen Eliten, mit demokratischen Grundrechten ähnlich zu verfahren, wie die NSDAP mit dem Ermächtigungsgesetz 1933.

»Faschisierung von Staat und Gesellschaft« (KB-These der 70er Jahre)

Spätestens mit der Verabschiedung der Notstandsgesetze 1968 häuften sich innerhalb der außerparlamentarischen Linken Mutmaßungen und Analysen, die innere und äußere Remilitarisierung der BRD wäre Ausdruck einer schleichenden (Re-)Faschisierung. Die Zerschlagung der außerparlamentarischen Opposition, der gigantische Ausbau von Polizei- und Sicherheitsapparaten, die Verschärfung des politischen Strafrechts (§ 88a, 130a, 129a), die Wirtschaftskrise zu Beginn der 70er Jahre, die Kriminalisierung >wilder< Streiks und die Beteiligung der BRD an der Etablierung und Aufrechterhaltung diktatorischer Regime (Persien, Vietnam, Chile ...) schienen die u.a. vom Kommunistischen Bund (KB) vertretene These von der »Faschisierung von Staat und Gesellschaft« – die bereits Anfang der 70er Jahre Zustimmung bin hinein in die Gewerkschaften und die SPD fand – zu bestätigen.

Auch innerhalb der Anti-AKW-Bewegung Ende der 70er Jahre, als Massenmilitanz und Sabotage an ihre Grenzen stießen, als die staatliche Durchsetzung des Atomprogramms paramilitärische Dimensionen angenommen hatte, mündeten die Erfahrungen der Niederlage in der politischen Analyse vom >*Atomstaat*< (Robert Jungk): Die Aufkündigung der Gewaltenteilung, die faktische Entmachtung des Parlaments als Ort politischer Entscheidungen und Kontrolle, die Transformation des Strafrechts in ein Feindrecht gegenüber jeder radikalen Opposition wurden als Indiz verstanden, die eigenen institutionellen Kontrollmechanismen auszuhebeln.

Auch die Rote Armee Fraktion (RAF) und der sich an ihr orientierende antiimperialistische Widerstand kamen zu ähnlichen Schlußfolgerungen. Bereits Mitte der 70er Jahre war für die RAF der Reformismus tot, der bürgerliche Staat gestorben und das »*imperialistische Projekt des globalen Faschismus*« auf der Tagesordnung. Die Herrschenden hätten die »Militärstrategie zum Angelpunkt« gemacht, in der »die Politik gestorben« (Erklärung der Gefangenen der RAF 1977) sei.

Die ›4. Reich‹-These (90er Jahre)

Angesichts der zahlreichen Pogrome und rassistischen Angriffe, die mit der Wiedervereinigung nach 1989 einhergingen, wurde abermals der Faschismusvorwurf laut. Die ›Nie wieder Deutschland‹-Rufe, die in der ›*Viertes Reich*‹-These mündeten, waren in eine Analyse eingebettet, die den wachsenden Antisemitismus, Rassismus und deutschen Größenwahn als dominante Vergesellschaftungsform verstanden – wobei Kontinuitätslinien zum deutschen Nationalsozialismus immer wieder formuliert bzw. assoziiert wurden.

Die über 150 rassistisch und antisemitisch motivierten Morde seit 1990, die Tausenden Brandanschläge auf Flüchtlingsheime, Geschäfte und Wohnhäuser, in denen Ausländer vermutet wurden, die Propagierung und z.T. erfolgreich durchgesetzten ›befreiten nationalen Zonen‹, drängten Parallelen zu Entwicklungen der Weimarer Republik auf. Neben diesen Objektivierungen und Versuchen, diese Entwicklung einzuordnen, spielte aber auch eine ganz andere Erfahrung eine nicht zu unterschätzenden, selten thematisierte Rolle. Noch nie, seit dem Entstehen einer außerparlamentarischen Linken im Zuge der 68er Revolten, war die (radikale) Linke so machtlos, so einflusslos. Sie bekam es nicht nur mit staatlicher Repression zu tun, sondern auch mit den realen Kräfteverhältnissen in dieser Gesellschaft, über die man nicht länger spekulieren musste. Was einst linke Politik beflügelte, nämlich von Sympathie getragen zu sein und im Schutz von Gleichgültigkeit agieren zu können, brach plötzlich weg. Über Nacht schien alles nur noch ›Feindesland‹ zu sein. Das Ohnmachtsgefühl, bestenfalls punktuell intervenieren zu können, die ganz konkrete

Erfahrung, dass die (radikale) Linke diesem Zusammenwirken von institutionellem Rassismus, neofaschistischer Gewalt der Straße und einer weitgehend gleichgültigen bis sympathisierenden Bevölkerung nichts bzw. kaum etwas entgegenzusetzen vermochte, verleitete einige dazu, ein ›Viertes Reich‹ aufziehen zu sehen.

Um diese Einschätzungen einordnen zu können, um Parameter zu haben, an denen man die Entwicklungen heute messen kann, werden im Folgenden wesentliche Merkmale herausgestellt, die sich in vielen Faschismen wiederfinden lassen.

Wesentliche Merkmale des deutschen Faschismus

Um nicht in die Falle zu laufen, den Faschismus als monolithe, homogene, in sich kohärente Weltordnung darzustellen, um die widersprüchlichen Momente ein- und zuzuordnen, unterscheide ich im Folgenden den Faschismus als Ideologie, als Bewegung und als (totalitären) Staat, unter Einfügung machtpolitischer und ökonomischer Bedingungen und Kräfte, die dem Faschismus zur Eroberung der Staatsmacht verhelfen.

Ideologie des Faschismus

Alle ideologischen Axiome der faschistischen Ideologie verstehen sich sowohl als Kampfansage gegenüber der bürgerlichen als auch gegenüber der kommunistischen Ideologie: Die offene Propagierung der rassistischen Überlegenheit – der Arier als Herrenmensch – steht in unversöhnlichem Gegensatz zur bürgerlichen Ideologie von der ›Gleichheit aller Menschen vor dem Gesetz‹, in gänzlichem Widerspruch zum grenzenlos kommunistischen Versprechen: ›Proletarier aller Länder vereinigt euch!‹.

Das ›natürliche‹ Recht, das Leben der rassisch begründeten ›Untermenschen‹ zur Hölle zu machen, steht in deutlichem Widerspruch zum bürgerlichen Versprechen der Chancengleichheit, mit Fleiß und durch Leistung alles erreichen zu können. Die Attraktivität dieser faschistischen Ideologie besteht darin, dass sie die bürgerliche Ideologie von der Gleichheit der Menschen durchschaut und die tagtäglich erlebte Ungleichheit zur natürlichen Ordnung von Herren- und Untermenschen erhbet.

Die offene Propagierung von Antisemitismus, die Entmenschlichung des ethnisch definierten >Fremden< führte den in bürgerlichen Gesellschaften latenten Antisemitismus in einen Kriegszustand.

Dient in bürgerlichen Gesellschaften die Diskriminierung von Andersartigkeit der >Sichtbarmachung< (Foucault) der privilegierten Norm, so zielt die faschistische Ideologie auf die Ausmerzung des Abweichenden (Schwule, Lesben, Bisexuelle usw.).

Die offene Propagierung vom >unwerten Leben< steht im Gegensatz zum christlich geprägten Mitleid.

Die Modellierung eines >stählernen< Mannes, einer >aufopferungsvollen<, dem Mann ergebene Frau in der faschistischen Ideologie steht dem bürgerlichen Versprechen der Gleichheit und Gleichwertigkeit der Geschlechter gegenüber.

Während in der bürgerlichen Ideologie soziale und politische Gegensätze und ihre institutionelle Anerkennung (Regierung/Opposition, Kapitalbesitzer/Lohnabhängige, Unternehmer/Gewerkschaftsverbände) konstitutiv sind, propagiert die faschistische Ideologie das Ende >unnatürlicher<, >künstlicher< Gegensätze, die Symbiose: >Ein Volk, ein Reich, ein Führer<.

In der >antikapitalistischen< und antisemitischen Rhetorik des Faschismus wird zwischen einem guten und schlechten Kapitalismus unterschieden: Die parasitären, schmutzigen und staatenlosen Seiten des Kapitalismus werden als >raffendes Kapital< in die Gestalt des reichen, verlumpten, heimatlosen Juden gepresst, um im Gegenlicht das >schaffende< Kapital als heimatliebend, edel und rein entstehen zu lassen. Der *Nationalsozialismus* in der faschistischen Ideologie ist folglich ein Kapitalismus ohne Juden – ohne KommunistInnen, ohne Gewerkschaften, ohne Opposition, voller Harmonie und Einklang.

Faschismus als Massenbewegung

In vielen faschistischen >Bewegungen< lassen sich folgende Merkmale immer wieder finden:

- Antiparlamentarismus, verbunden mit antibürgerlichen Ressentiments und die Propagierung des Kampfes der Straße
- Die Vorstellung einer >nationalen Wiedergeburt<, die Schmach vergangener Niederlagen wiedergutmachend
- Der Kampf gegen den Kommunismus und alles, was dafür gehalten wird (>die jüdisch-bolschewistische Weltverschwörung<). Überall dort, wo die Klassenkämpfe, der Ruf nach einer revolutionären Umwälzung stark sind, versteht sich der Faschismus als nationale Konterrevolution.

In aller Regel setzt sich der Faschismus als Bewegung nicht gegen die politische/ökonomische Klasse durch, sondern mit deren Hilfe:

Relevante Teile des Kapitals sind auf dem Weltmarkt nicht mehr konkurrenzfähig und/oder wähnen sich in einer Krise. Sie sehen ihre Interessen nicht mehr im politischen System vertreten und unterstützen politisch und finanziell eine faschistische Lösung.

Gleichzeitig existieren antagonistische Gegenkräfte (Linke, kommunistische Parteien und Gewerkschaften z.B.), die es erschweren bzw. verunmöglichen, die Kosten der Krise – verlustfrei – nach unten abzuwälzen (Lohn- und Rentenkürzungen, sozialpolitische Einschnitte etc.)

Die politische Klasse selbst, die das System tragenden bürgerlichen Parteien sind gespalten und zeigen sich für extralegale Optionen (Militärputsch, Ausrufung des Ausnahmezustandes) und für ein Bündnis mit der faschistischen Partei offen. Der Erfolg des Faschismus als Bewegung geht also mit politischen, wirtschaftlichen, ideologischen und institutionellen Krisen der bürgerlichen Ordnung einher, die mit >legalen< Mitteln nicht mehr zu bewältigen sind.

Faschismus als Staat

Der Faschismus, sobald er die Staatmacht innehat, entpuppt sich überall als Exekutor kapitalistischer, imperialer Interessen. Ein Wesensmerkmal des faschistischen Staates ist die gewaltsame Durchsetzung eines >*Kapitalismus sans phrase*<: Abschaffung der Gewerkschaften, Ausschaltung jeder Opposition, die die Interessen der Ausgebeuteten vertreten könnte, Aufhebung institutioneller, das heißt rechtlicher Garantien und Sicherheiten.

Der Faschismus garantiert nicht nur den Kapitalismus, er exekutiert auch (verhinderte) Weltmarktambitionen durch Kriege. Die Exekution der kapitalistischen Ordnung in allen Faschismen hat Horkheimer zu der zentralen Aussage veranlasst: »*Wer aber vom Kapitalismus nicht reden will, sollte auch vom Faschismus schweigen.*« (Max Horkheimer, Die Juden und Europa, Zeitschrift für Sozialforschung. Jahrgang VIII 1939-1940, Reprint, München 1970, S.115)

Der faschistische Staat ist als diktatorischer Staat organisiert. Er beseitigt alle bürgerlichen (Selbst-)Beschränkungen, alle institutionellen Kontrollmechanismen: die Justiz als ›Hüterin der Verfassung‹, das Parlament als politisches Regulativ zur Regierungsmacht, Oppositionsparteien als wählbare Alternative und Presse als ›vierte Macht‹ und verfolgt jegliche Opposition in Form einer staatlichen Lynchjustiz.

Die Macht des faschistischen Staates reproduziert und potenziert sich im Einklang, im Gleichschritt, in der Gleichschaltung. Das bürgerliche Staatsverständnis lebt vom Wettbewerb (unterschiedlicher) Interessen, von der Wertschöpfung in Konkurrenz, von der Abschöpfung der politischen Abweichungen – innerhalb institutioneller Grenzen. Gesellschaftliche und ökonomische Interessengegensätze sind »unentbehrlich (...), weil sie das Zeichen dafür sind, dass die Gesellschaft lebt und tätig ist und eine der fundamentalsten Triebfedern der sozialen Entwicklung darstellen«. So äußerte sich der SPD-Bundeskanzler Helmut Schmidt, der bekanntlich nichts vom Klassenkampf hält.

Im welchem Staat leben wir, auf welchem Weg befinden wir uns heute?

Die verschieden Versuche der letzten 50 Jahre, gravierende Veränderungen zu beschreiben und die Skizze von dem, was man als Axiome des Faschismus bezeichnen könnte, macht es hoffentlich leichter, das einzuordnen, womit wir in den letzten 10 bis 15 Jahren konfrontiert sind.

Zweifellos können sich die strukturellen Veränderungen der letzten Jahre durchaus mit denen der 50er, der 70er oder 90er Jahre messen lassen. An allem, was die verschiedenen Dekaden auszeichnete, wurde abermals gedreht. Man hat das Gefühl, ja man weiß es: Wir machen uns müde mit der Aufzählung, mit der immer länger werdenden Liste der ›Verschlechterungen‹. Wir beklagen und haben Mühe, das jetzt qualitativ Neue zu benennen, während das technische und politische Potenzial wächst und Orwell und Huxley schon lange hinter sich gelassen hat.

An Fakten, die eine weitere Schwächung von Grundrechten gegenüber dem Staat markieren, an Fakten, die eine innere Aufrüstung gegen jede Opposition belegen, die mehr will, als Unrecht öffentlich anzuzeigen, fehlt es nicht:

Wir haben eine Strafjustiz, die zunehmend das *Tatstrafrecht* durch das *Willensstrafrecht* ersetzt, also eine politische Verfolgung von TäterInnen ohne Tat forciert – wobei der § 129a eine herausragende Rolle einnimmt. Dazu zählen aber auch ›Gefahrenprognosen‹ ohne tatsächliche Tatvorwürfe, Platzverweise, Aufenthaltsverbotszonen (wie anlässlich des G-8-Gipfels in Heiligendamm 2007 oder *Blockupy* 2012 in Frankfurt) bis hin zur Verhängung von Vorbeugehaft.

Dazu gehören auch Befugnisse, die die Überwachung, Observierung und Festsetzung von ›Störern‹, ›Gefährdern‹ etc. ermöglichen, also von Personen, denen man strafrechtlich nichts vorwerfen kann, außer, dass man ihnen Straftaten zutraut. Der ›gläserne Mensch‹ in Gestalt von Datenbanken, die mithilfe verdachtsunabhängig gesammelter Persönlichkeitsdaten (Sozialdaten, KFZ-Zeichen, Flugdaten, Telefon-, Internet- und Bankdatensätze) mehr über einen wissen, als man selbst. Die (technisch machbaren und justiziabel gemachten) Schritte hin zu einer Totalerfassung – jenseits eines begründeten Verdachts, jenseits einer begangenen Straftat. Das Ineinandergreifen von Geheimdiensten und Polizei, also die Aufhebung des Trennungsgebots, das nur noch auf den jeweiligen Briefköpfen existiert: Mittlerweile gibt es gemeinsame Datenpools, ›Lagezentren‹ und ›Operationsstäbe‹ wie Sand am Meer. Und wer noch nicht genug von alledem hat, der kann dabei zusehen, wie die Bundeswehr (wenn nötig), Deutschland nicht nur am Hindukusch verteidigt, sondern auch im Inneren, wie anlässlich der WM 2006 oder des G-8-Gipfels in Heiligendamm 2007, wo mit militärischem Gerät (Tornado-Flüge über Camps, Spähpanzer auf Zufahrtsstraßen) der Feind im Inneren lokalisiert wurde.

Man sollte sich trotz alledem klar darüber sein: Für viele sind diese Verschiebungen nicht spürbar. Solange eine Mehrheit erlaubtes nicht verlässt, nicht übertritt, stellen all diese Beschreibungen keine Bedrohung, eher eine Vergewisserung dar. Bislang ist eine Minderheit mit den repressiven Folgen dieser Machtkonzentrationen konfrontiert. Was wäre aber, wenn all diese Maßnahmen und Möglichkeiten gegen eine Millionen Menschen zum Einsatz kämen?

Belegen diese unvollständigen Beispiele nicht eine faktische Aufkündigung des bürgerlichen Staates, zu dessen Merkmalen essenzielle Schutzrechte gegenüber dem Staat gehören?

Die wachsenden Eingriffs- und Verfolgungsrechte des Staates haben in den letzten Jahren dramatisch zugenommen, so massiv, dass selbst ein Ex-Innenminister Baum, ein Ex-Verfassungsrichter Hirsch davor warnen, dass man den Rechtsstaat nicht dadurch schützt, indem man ihn *schäubleweise* abschafft. Auch die amtierende Bundesjustizministerin Brigitte Zypries versucht noch eine Grenze zu ziehen, die im Datenmeer der Staatsschutzorgane nicht mehr zu erkennen ist: *»Der Rechtsstaat zeichnet sich dadurch aus, dass er nicht alles, was er wissen könnte, auch wissen will und wissen darf.«* (Null Privatheit? Brigitte Zypries, FAZ vom 311.2008)

Existiert noch der bürgerlich verfasste Staat?

Um diese neuen Entwicklungen einzuordnen, muss man sich kurz über die Grenzen eines bürgerlichen Staates verständigen. Hört er auf zu existieren, wenn er seine eigenen Gesetze bricht, essenzielle Kontroll- und Schutzrechte aufhebt? Kann man noch von einem bürgerlichen Staat sprechen, wenn er terroristische Aktionen billigt oder gar selbst ausübt?

Ganz schnell und salopp wird vom *Rechtsstaat* gesprochen, von dessen Beugung, wenn man davon überzeugt ist, dass staatliche Institutionen geltendes Recht nicht schützen, sondern brechen. Besteht ein wesentliches Merkmal eines Rechtsstaates darin, dass er sich an sein eigenes Recht hält? Wenn dies so wäre, dann müsste ein Staat nur alles in Recht und Gesetz gießen – und er wäre ein Rechtsstaat. Dann wären die >Sozialistengesetze< Bismarcks, die Reichstagsbrandverordnung 1933 (die den Faschismus legalisierte), Hitlers Rassengesetze jeweils lebendiger Ausdruck des Rechtsstaatsprinzips.

Oder anders formuliert: Wenn der staatliche, systematische Rechtsbruch die Bruchstelle der bestehenden Ordnung wäre, dann hätten wir in den meisten Ländern Westeuropas keine Staaten mehr, die sich dazu zählen dürften.

Man nehme nur die staatlich organisierten Killerkommandos (GRAPO) gegen die Eta in Spanien und Frankreich, die systematische Anwendung der Folter durch US-Behörden (Guantanamo, Abu Graibh), die Beteiligung zahlreicher EU-Staaten an Entführungen und Folterungen mithilfe des > *Rendition* <-Programms der US-Regierung. All diese staatlichen Praktiken verstoßen offenkundig und dauerhaft gegen geltendes nationales und internationales Recht.

Wir werden später noch sehen, dass die Begriffe >Rechts-< bzw. >Unrechtstaat< gänzlich untaugliche Kriterien sind, eine parlamentarisch verfasste Ordnung zu erfassen.

So gravierend diese terroristischen Methoden sind, sie markieren dennoch nicht den Bruch mit der bestehenden Ordnung. Die Diskrepanz zwischen Verfassungsideal und Wirklichkeit ist konstitutiv für den bürgerlichen Staat. Eine Faschisierung der Verhältnisse, der Übergang zu einer neuen Staats- und Gesellschaftsverfassung wäre dann vollzogen, wenn der Bruch normativer Bestimmungen nicht mehr innerhalb seiner tragenden Institutionen (dazu gehören Verfassungs-Gerichte genauso wie Gewerkschaften, Parteien und außerparlamentarische Bewegungen) verhandelbar wäre. Sind >Korrekturen< noch möglich, Gegenpositionen noch formulierbar und organisierbar, sind Kräfteverhältnisse innerhalb dieser bestehenden Ordnung noch beeinfluss- also verschiebbar?

So bitter die Erkenntnis ist: Es war nicht die Linke (weder die parlamentarische, noch die außerparlamentarische), die >verfassungsfeindliche< Gesetzesinitiativen, rechtswidrige Verfolgungsmaßnahmen der Großen Koalition stoppen konnte. Der wirkungsvollste Widerstand kam aus den Institutionen selbst: So hat das Bundesverfassungsgericht 2006 die Erfassung der Daten von fünf Millionen Männern in

Nordrhein-Westfalen zur Aufdeckung von ›Schläfern‹ nach dem 11.9.2001 für verfassungswidrig erklärt. Auch das ›Luftsicherungsrecht‹ wurde vom Bundesverfassungsgericht zurückgewiesen: Die Einführung des Kriegsrechts, d.h. die Liquidierung von Unbeteiligten im Namen des Ganzen schütze nicht die Verfassung, sondern schaffe sie ab. Auch die Repressionswelle vor und nach dem G-8-Gipfel in Heiligendamm 2007, der Versuch, Anschläge auf Bundeswehrfahrzeuge als terroristische Straftat (nach § 129a) zu verfolgen, wurde von Gerichten zurückgewiesen. Selbstverständlich spiegeln diese Urteile nicht alle Einwände wider – schon gar nicht grundsätzliche. In aller Regel geht es den Gerichten darum, den Eingriff zu präzisieren, die Verletzung von Grundrechten auf das Nötigste zu begrenzen. Dennoch signalisieren diese Urteile, dass die bürgerlichen Institutionen immer noch in der Lage sind, innere Widersprüche und gesellschaftliche Kräfteverhältnisse auszubalancieren, Widerspruch als wichtiges (Selbst-)Korrektiv zu integrieren, anstatt mit nackter Gewalt auszumerzen.

Als weiteren Beleg kann man die Atompolitik der gegenwärtigen CDU-FDP-Bundesregierung anführen. Der Reaktorunfall in Fukushima 2012 war der Anlass, die bislang praktizierte Atompolitik zu revidieren. Man darf davon ausgehen, dass es nicht der katastrophale Unfall selbst war, sondern die Befürchtung der Bundesregierung, dass dieser weitere atomare GAU eine ähnlich starke Anti-Atom-Bewegung auf den Plan rufen würde, wie nach Tschernobyl 1986. So wenig die gegenwärtige Anti-Atombewegung ihr Ziel, den sofortigen Ausstieg aus der Atomenergie erreicht hat, so sicher kann man davon ausgehen, dass es ohne sie nicht zu diesen Kurswechsel gekommen wäre.

Dass auch Staatsterrorismus, die Beteiligung bzw. Duldung terroristischer Aktionen durch staatliche Stellen, kein faschistisches Merkmal sein muss, sondern durchaus mit einem bürgerlich verfassten Staat einhergehen kann, soll am Beispiel des Entführungs- und Folterprogramms ›*Rendition*‹ dargelegt werden.

Wie bereits angerissen, hat die US-Regierung unter dem damaligen Präsidenten Reagan ein weltweit operierendes System geschaffen, das es dem US-amerikanischen Geheimdienst (CIA) erlaubt(e), Entführungen von ›Terrorverdächtigen‹ egal wo auf der Welt durchzuführen, sie über >sichere Flughäfen< auszufliegen und an Orte zu verschleppen, die als >geheime Gefängnisse< bekannt wurden. Dort sollten die gekidnappten Personen auch unter Anwendung von Folter zu Geständnissen gezwungen werden. Um dieses Terror-Programm umzusetzen, war es notwendig, auch in zahlreichen EU-Staaten illegale, geheime Strukturen aufzubauen, damit dieses System reibungslos funktioniert. Selbstverständlich waren in keinem der daran beteiligten europäischen Staaten die jeweiligen Parlamente, die für Geheimdienste zuständigen >Kontrollorgane< eingebunden. Wie man aus den vielen zahlreichen Dokumenten entnehmen kann, kontrollierte bzw. exekutierte ein kleiner (eingespielter) Kreis aus Auslands- und Inlands-Geheimdiensten, leitenden Armeestäben, hohen Polizeidienststellen und Regierungsstäben diese >straf- und rechtsfreie Zone<.

Soweit bekannt, spielte in Deutschland sowohl der US-Luftwaffenstützpunkt Ramstein als Drehscheibe des Entführungssystems eine Rolle, als auch der MAD, der Informationen über Entführungsopfer bereitstellte und die terroristische Operation gegen alle >störenden Einflüsse< abzuschirmen hatte. »Weltweit sind mittlerweile mehr als 130 Rendition-Fälle dokumentiert, mehr als 50 Regierungen sollen der CIA einst bei deren Verschleppung geholfen haben.« (>Entführung in den Folterkeller<, SZ vom 13.2.2013)

Schaut man sich die Strukturen, die beteiligten operativen Kerne an, dann lassen sich strukturelle Ähnlichkeiten mit dem bereits erwähnten >Gladio<-Programm ausmachen – mit einem möglicherweise entscheidenden Unterschied: Hatte man in den 70er und 80er Jahren noch auf neofaschistische Gruppierungen zurückgegriffen, so werden heute terroristische Operationen mit eigenem Personal, innerhalb geheimdienstlicher und militärischer Strukturen ausgeführt bzw. verübt.

In Deutschland wurde die Beteiligung an diesem Verschleppungs- und Folterprogramm durch den >*Fall El-Masri*< bekannt. Bis heute führte das zu keinerlei politischen und juristischen Konsequenzen. Was man gemeinhin in Deutschland für möglich halten würde, ereignete sich hingegen in Italien – trotz aller Widerstände der Bunga-Bunga-Regierung Berlusconis, trotz der massiven Interventionen vonseiten der US-Regierung. Aufgrund der Verschleppung von Abu Omar auf offener Straße in Mailand 2003, die über den US-Stützpunkt Aviano/Italien, den US-Luftwaffenstützpunkt in Ramstein/Deutschland bis nach Kairo/Ägypten führte, wo er gefoltert wurde, leitete die italienische Justiz Ermittlungen ein. 2009 wurden schließlich 22 CIA-Agenten und ein amerikanischer Luftwaffenoberst in Abwesenheit zu Haftstrafen verurteilt – wenig später auch zwei italienische Geheimdienstagenten. Dass es nicht nur untere und mittlere Ränge traf, macht auch die Verurteilung des damaligen Chefs des italienischen Geheimdienstes (SISMI), Nicolo Pollari deutlich: »So sagte ein italienischer Polizeibeamte, der an der Entführung Abu Omars beteiligt war, aus, dass er vom örtlichen CIA-Chef in Italien informiert worden war, dass die Verschleppung mit dem Militärgeheimdienst SISMI abgestimmt sei – und zwar auf höchster Ebene.« (SZ vom 13.2.2013). Gegen eine juristische Verfolgung des Chefs des militärischen Geheimdienstes wehrte sich die italienische Regierung unter Romano Prodi mit allen Mitteln, indem die relevanten Akten zum Staatsgeheimnis erklärt wurden. Auch diese Intervention blieb erfolglos. 2012 entschied der Kassationsgerichtshof, dass die betreffenden Akten nicht länger Staatsgeheimnis bleiben – ein Staatsgeheimnis, hinter dem sich nichts weiter als die Beteiligung an staatsterroristischen Aktionen verbarg.

An diesem weiteren Beispiel soll deutlich werden, dass nicht der Staatsterrorismus im Schutz eines bürgerlichen Staates den Bruch markiert, sondern die Frage, ob das, was noch erlaubt ist oder nicht, innerhalb seiner Institutionen, ausgetragen wird, ob ein Widerspruch noch substanzielle Anker (in Form von Gerichten, politischen Parteien, Protestbewegungen) im System hat.

Kapitel XIII

Wie viel Staat steckt im Nationalsozialistischen Untergrund?

Von diesen Faschismus – und staatstheoretischen Eingrenzungen und Markierungen – ausgehend, soll am Ende eine Einschätzung folgen, die die Mordserie des NSU betrifft. Wenn es nicht die Pannen waren, die 13 Jahre neonazistischen Untergrund und neun rassistische Morde erklären, wenn Rassismus als Erklärung zu wenig ist, stellt sich doch die Frage: Gibt es ein staatliches Kalkül, neun Morde an migrantischen Kleinunternehmern geschehen zu lassen? Gibt es ein staatliches Interesse daran, Neonazis im Untergrund zu belassen? Welchen Tatbeitrag haben staatliche Behörden geleistet? Haben staatliche Stellen den >NSU< instrumentalisiert? Wenn ja, wozu?

Ich halte die These, dass es ein machtpolitisches Interesse daran gibt, (bewaffnete) Neonazis als >Kettenhunde des Kapitals< zu halten, für falsch.

Die hegemonialen Kräfte im politischen System wollen kein neues >33< vorbereiten, ganz im Gegenteil: Sie tun heute alles, um das zu verhindern, was damals die NSDAP an die Macht brachte: Eine Mischung aus politischen, wirtschaftlichen, ideologischen und institutionellen Krisen, die mit >legalen< Mitteln nicht mehr zu bewältigen waren.

Auch die historisch belegte Rolle von (bewaffneten) Faschisten als >Systemreserve< halte ich für die heutigen Verhältnisse für falsch: Wer diese staatliche Vorratshaltung an Macht- und Gewaltpotenzialen vor Augen hat, die verschwindend kleine parlamentarische Opposition, die schwache radikale Linke, der sollte also auch die Rolle der Neonazis als >Systemreserve< überdenken. Das macht sie nicht weniger gefährlich, wo sie Menschen bedrohen, >national befreite Zonen< durchsetzen. Es geht aber darum, ihnen keine Rolle zuzuweisen, keine Macht zuzusprechen, die sie bestenfalls in ihrem eigenen neonazistischen Wahn einnehmen.

Weder stehen die bürgerlichen Parteien, noch das Kapital vor einem neuen >33<, noch laufen die tatsächlichen Krisenerscheinungen darauf zu. Weder innerhalb der bürgerlichen Parteien scheinen

Auflösungs- bzw. Desintegrationserscheinungen auf, noch gibt es auch nur das geringste Anzeichen dafür, dass das Kapital außerhalb codierter Konkurrenz-Regeln ums Überleben kämpfen müsse. Weder heute noch auf absehbare Zeit braucht/zielt die gegenwärtige Ordnung darauf ab, sich eine neofaschistische Reserve zu halten, um Krisen extralegal zu lösen. Es gibt weder diese Krisen, die an ein solches (faschistisches) Szenario heranreichen, noch gibt es systemoppositionelle Kräfte, die nicht anders zu schlagen, zu bekämpfen sind, als mit offener, faschistischer Gewalt.

Dies kann man für die ›Kernländer‹ Europas sagen. Um einiges anders sieht es am Rand Europas aus, wie z.B. in Griechenland, wo die institutionelle und ökonomische Krise, die faktische Entmachtung der politischen Parteien (durch EU-IWF-Troika-Diktate) der neofaschistischen Partei ›Goldene Morgenröte‹ eine wachsende Bedeutung zuspielen.

Zu Recht stellt der Historiker Peter Scherer in diesem Kontext die Fragen: »Welche Rohstoffe könnte ein faschistisches Regime zum Ziel seiner Feldzüge machen, die nicht schon längst in der Hand der Konzerne sind? Welche Arbeitskräfte könnte es auftun, die nicht schon längst für den Weltmarkt ausgebeutet werden?« (Wem gehört der 9. November?, Z., Nr.72, Dezember 2007, S.18) Und welche Verfolgungsmaßnahmen könnte ein faschistisches Regime bereitstellen, die nicht bereits heute ›legal‹ darauf warten, massenhafte Proteste – in der Zukunft – niederzuschlagen?

Was jedoch durch zahlreiche Fakten belegt ist, ist die Tatsache, dass die Verfolgungsbehörden nie den Kontakt zu den untergetauchten THS-Mitgliedern verloren haben. Nichts spricht dafür, dass sie diesen verloren hatten, als im Jahr 2000 die Mordserie begann. Gäbe es für diese Annahme keinerlei Belege, wären nicht Hunderte von Akten vernichtet worden. Von daher begründet sich der Verdacht auf Beihilfe zu Mord.

Das Motiv, diese Mordserie geschehen zu lassen, sehe ich in der Verschiebung des rassistischen Diskurses, die sich ab 2000 abzeichnete. Macht-politisch fällt er zusammen mit dem von SPD-Bundeskanzler Schröder ausgerufenen ›Aufstand der Anständigen‹ 2000.

Der Rassismus der 90er Jahre hatte im Wesentlichen die Flüchtlinge im Visier. Das ›Außen‹, die Bedrohung durch *Habenichtse*, die alles verloren haben, stand im Zentrum dieses Rassismus. Mit der Abschaffung des Asylrechts, mit dem fast aussichtlosen Unterfangen, als Flüchtling Deutschland überhaupt zu erreichen, mit der festungsähnlichen Anerkennungsquote von 1,8 Prozent (2001) objektivierte sich der Rassismus neu: Zu Beginn des 21. Jahrhunderts zielte er vor allem auf die ›Integrierten‹, die bereits hier Lebenden. Massiv befeuert wurde dieses Paradigma vom kriminellen, terroristischen, islamistischen ›Ausländer‹ durch die Anschläge 9/11 in den USA. Fortan wurden wir von ›Schläfern‹ und ›tickenden Zeitbomben‹ umspült, von unauffällig hier lebenden Ausländern heimgesucht, die nur darauf warteten, loszuschlagen. So verwundert es nicht, dass sich Thilo Sarrazins Rassismus nicht so sehr auf die Kommenden (Flüchtlinge) richtet, sondern vor allem auf die lange Angekommenen (›Deutsche mit Migrationshintergrund‹).

Ich sehe ein wesentliches Motiv, diese Mordserie geschehen zu lassen, darin, dass es den staatlichen Behörden ermöglichte, die ermordeten Kleinhändler in die Blutspur der organisierten Kriminalität im ausländischen Milieu zu legen.

Der Tatbeitrag staatlicher Behörden an den neun Morden besteht dabei nicht darin, sich Optionen für eine andere politische Ordnung bereitzuhalten – er diente vielmehr der Legitimation der herrschenden Sicherheitspolitik, der Aufrechterhaltung der bestehenden Ordnung.

Dass alle bürgerlichen Medien und Parteien den Vorwurf des Staatsterrorismus ins Reich der Verschwörungstheorien verwiesen, verwundert nicht. Erstaunlich ist, dass auch viele Linke diesen Vorwurf als verschwörungstheoretische Übertreibung zurückweisen.

Kann es denn sein, dass die Linke mit MigrantInnen nur wenig zu tun hat und schon gar nichts mit dem zu tun haben will, was mit *Islamismus gleich Terrorismus* in Verbindung gebracht wird?

Wie hätte hingegen die Linke reagiert, wenn innerhalb von sechs Jahren neun Linke (ohne Migrationshintergrund) ermordet, regelrecht hingerichtet worden wären? Wäre sie dann auch so ambivalent und ungefähr geblieben?

Beim Bombenanschlag in München 1980 waren zufällig Anwesende des Oktoberfestes das Ziel der Neonazis. Für das Gladio-Programm, unter dessen Schirmherrschaft dieser Terroranschlag verübt wurde, ging es darum, den Anschlag der (militanten) Linken in die Schuhe zu schieben, den Anschlag als Anlass zu nehmen, neue Antiterrorgesetze mehrheitsfähig zu machen.

Auch bei den Unterstützungsleistungen deutscher Behörden für das US-Programm >Rendition< ging es nicht um die Opfer dieses Entführungs- und Folterprogrammes, sondern um den Beweis der Bündnistreue im Rahmen des permanenten Kriegszustandes, der im Rahmen des >Kreuzzuges gegen den Terror< ausgerufen worden war und trotz völkerrechtwidriger Praxis, unentwegt fortgesetzt wird.

Nicht anders verhält es sich mit den Opfern der NSU-Morde. Nicht sie waren das Ziel dieses Gewährenlassens, sondern die Instrumentalisierung dieser Mordserie als Beweis für die sicherheitspolitische Leitlinie, dass hier unauffällig lebende Ausländer Deutschland zum Schauplatz krimineller Machenschaften machen, was mit der Bezeichnung >Döner-Morde< und der Namensgebung für die eingesetzte Sonderkommission >Bosporus< mehr als deutlich unterstrichen werden sollte.

Anhang

Chronologie:
Die NSU-Mord- und Terrorserie – die verdächtigen Opfer

2000 – Nürnberg

Enver Simsek. Auf den Inhaber eines Blumengroßhandels in Nürnberg wurde am 9. September 2000 achtmal geschossen: »Mit acht Schüssen aus zwei unterschiedlichen Waffen wurde Simsek verletzt, zwei Kugeln verfehlten ihr Ziel. Zwei Tage nach der Tat erlag er den Verletzungen.« (Süddeutsche.de vom 6.8.2010)

2001 – Nürnberg

Abdurrahim Özüdogru. Auf den Änderungsschneider in Nürnberg wurde zwei tödliche Schüsse abgegeben. Zeugen entdeckten ihn am 13. Juni 2001 tot in seinem Geschäft.
»Ein Aufkleber der neofaschistischen ›Fränkischen Aktionsfront‹ am Tatort fiel offenbar keinem der Ermittler auf. ›Ich kann Ihnen sagen, daß ich mit Sicherheit nicht auf irgendwelche Aufkleber oder Plakate oder Graffiti geachtet habe‹, so der Erste Kriminalhauptkommissar Jochen Keller als Zeuge im Untersuchungsausschuß.« (jw vom 7.2.2013)

2001 – Hamburg

Süleyman Taşköprü. Der Obst- und Gemüsehändler wurde am 27. Juni 2001 in Hamburg-Bahrenfeld im Laden seines Vaters mit drei Schüssen aus zwei verschiedenen Waffen ermordet. Die Hamburger Polizei behauptete, dass Taşköprü Freunde im ›Hamburger Rotlichtviertel‹ gehabt habe. Von dort aus legte man die Spur zur ›organisierten Kriminalität‹ und suchte das Motiv nicht bei den Tätern, sondern bei den Opfern.

2001 – München

Habil Kılıç. Der Inhaber eines Obst- und Gemüsehandels wurde am 29. August 2001 in München in seinem Geschäft erschossen: »Bereits nach der Ermordung von Habil Kilic hatte Wilfling (der damals zuständige Chef der Münchner Mordkommission), im Sommer 2001 erklärt, ›dass es sich hier um eine völlig neue Qualität von Verbrechen‹ handle: ›Es war uns klar, dass es in Richtung Organisierte Kriminalität ging.‹« (tz vom 13.11.2011)

2004 – Rostock

Mehmet Turgut. Für seinen Freund übernahm er die Arbeit in einem Döner-Imbiss, als er am 25. Februar 2004 durch drei Kopfschüsse ermordet wurde.

2004 – Nagelbombenanschlag in Köln

Am 9. Juni 2004 explodierte eine Nagelbombe in einer Geschäftsstraße in Köln, in der sich viele türkische Kleinläden, Restaurants und Geschäfte befinden. Die Bombe, mit 5,5 Kilo Schwarzpulver und ca. 800 Nägeln gefüllt, wurde auf einer viel frequentierten Straße deponiert, also mit dem Ziel, wahllos möglichst viele zu ermorden bzw. schwer zu verletzten. Um 15.56 Uhr wurde die Bombe gezündet, über 22 Personen wurden verletzt, viele davon schwer.

Wenig später befinden sich die Ermittler in Besitz von Videoaufzeichnungen, die von einer Überwachungskamera stammen, ca. 100 Meter vom Tatort entfernt und den mörderischen Tathergang eindeutig festhalten. Dennoch wird man in den späteren Presserklärungen der Polizei nur lesen, dass man keine heiße Spur habe, aber die Täter im Umfeld der ›organisierten Kriminalität‹ vermute: »Der Begriff ›Terroristischer Anschlag‹ wurde noch am Tattag aus einem Rundschreiben der Polizei wieder rausgestrichen.« (SZ vom 22.11.2012)

Am darauf folgenden Tag wird diese Ermittlungsrichtung von ganz oben abgeklopft, durch den damaligen SPD-Innenminister Otto Schily (SPD): »Die Erkenntnisse, die unsere Sicherheitsbehörden bisher gewonnen haben, deuten nicht auf einen terroristischen Hintergrund, sondern auf ein kriminelles Milieu.« (http://www1.wdr.de/themen/archiv/sp_amrechtenrand/terrorvonrechts/keupstrassekoeln100.html)

Um diese vorsätzlich falsche Ermittlungsrichtung durchzuboxen, schreckten die Verfolgungsbehörden auch vor Drohungen und

Einschüchterungen nicht zurück. Wenige Tage nach dem Bombenanschlag bekam auch der geschädigte Ladenbesitzer Arif Sagdic Besuch von Kriminalbeamten. Diesen gegenüber äußerte er klar und deutlich den Verdacht, dass es sich um einen Terroranschlag von Neonazis handele. Daraufhin bekam er von den Polizisten die Antwort: »›Schweig darüber. Kein Wort zu niemanden‹. Sie haben mir richtig Angst gemacht.« (WDR-Magazin ›Westpol‹ vom 25.11.2012)

»Zwei Jahre nach der Tat erklärte die Kölner Staatsanwaltschaft, ›dass ein ausländerfeindlicher Hintergrund auszuschließen ist‹.« (SZ vom 13.11.2011)

Acht Jahre später wird das Videoband aus der Überwachungskamera den NSU-Untersuchungsausschussmitgliedern vorgespielt. Mely Kiyak beschreibt diese Sitzung in einer ihrer hervorragenden Kolumnen so:

> »Irgendwann, es ist fast 23 Uhr, flippt Clemens Binninger von der CDU völlig aus: ›Da laufen zwei Täter mit einer Nagelbombe auf dem Fahrrad zwanzigmal durchs Bild! Die Männer sind im Alter von Böhnhardt und Mundlos! Da stellt man doch einen Zusammenhang her!‹. Binninger, der ehemalige Polizist, erst Streife, dann Kriminalkommissar, später Referent im Innenministerium Baden-Württemberg und seit zehn Jahren Mitglied des Bundestages, ruckelt auf seinem Stuhl hin und her. (...) Er konfrontiert den Zeugen mit allerhand Indizien und kann nicht mehr an sich halten: ›Entschuldigung! Sie schauen sich das Überwachungsvideo derart oft an – da stellt man doch irgendwann einen Zusammenhang zum NSU-Trio her! Die sahen doch deutsch aus!‹
> Zuvor hat Binninger erklärt, dass dieser Typ Bombe typisch sei für Nazis. Man kenne sie aus Anschlägen von der englischen Nazigruppe Combat 18, bei der sich der NSU sozialisiert habe. Binninger ist fassungslos darüber, dass die sogenannte Tatmittelmeldedatei, die man mit Daten wie Zünder, Sprengstoff und so weiter füttert, nicht benutzt worden sei.
> Hätte man diese Datei bemüht, hätte das Programm drei Namen ausgespuckt, nämlich: Uwe Böhnhardt, Uwe Mundlos und Beate Zschäpe, weil in einem anderen Fall, beim Nagelbombenattentat

1999 auf die Wehrmachtsausstellung in Saarbrücken, genau dieser Typ Sprengstoff benutzt worden war und die Tatmittelmeldedatei die Bombenbauer aus Jena als mögliche Täter nannte – die es aber nicht waren, nicht in Saarbrücken, jedoch eben in Köln. Binninger befindet sich für seine baden-württembergischen Gefühlsverhältnisse am Rande eines Nervenzusammenbruchs: ›Näher kann man einem Täter nicht sein! Ich sage das als ehemaliger Polizist: So nah, wie Sie den Tätern waren, kommt man als Ermittler den Tätern nie wieder!‹« (Mely Kiyak , FR vom 20.7.2012)

2005 – Nürnberg

İsmail Yaşar. Der Inhaber eines Döner-Kebap-Imbisses wurde am 9. Juni 2005 in seinem Geschäft in Nürnberg mit fünf Schüssen in Kopf und Herz getötet. »Die einzige Spur: zwei Radfahrer, jeder etwa 30 Jahre alt, die mit dunklen Rucksäcken kurz vor Mord Nummer sechs in Nürnberg nahe dem Tatort gesehen wurden – wie auch einige Tage vor dem gewaltsamen Tod des Dönerbuden-Besitzers Ismail Y.« (Hamburger Abendblatt vom 30.05.2006)

»Inzwischen lägen ›Hinweise auf einen möglichen Bezug der Opfer zur Drogenszene vor‹.« (SZ vom 11.5.2010)

Mit Blick auf die ersten fünf Morde erklärten die damit befassten Sonderkommissionen: »Es sei möglich, ›dass die Opfer in Verbindung mit türkischen Drogenhändlern aus den Niederlanden standen‹. (SZ vom 11.5.2010)

2005 – München

Theodoros Boulgarides. Der Mitinhaber eines Schlüsseldienstes wurde am 15. Juni 2005 in seinem Geschäft in München erschossen.

»Wie die Kriminalbeamten ermitteln, wurden die Schüsse wieder aus der gleichen tschechischen Pistole Ceska 83 aus nächster Nähe abgegeben. Wieder gibt es keine verwertbaren Spuren außer den am Tatort gefundenen Hülsen. Und wieder wird die Organisierte Kriminalität in Betracht gezogen. Glücksspiel, Wettmafia (...)« (Ali Yumusak, Lutz Hunger, Peter Kaul: Rechter Terror in Deutschland, Berlin 2012)

Die örtliche Boulevardpresse schrieb nach dem Mord: »Türken-Mafia schlug wieder zu«. (Abendzeitung, München vom 17. 6. 2005)

2006 – Dortmund

Mehmet Kubaşık. »Der Dortmunder Kioskbesitzer Mehmet Kubaşık wurde am 4. April 2006 ermordet. Bei den Ermittlungen im Fall dieses NSU-Mordes gab es bereits früher als bislang bekannt Hinweise auf einen Täter aus der Neonazi-Szene. Nach Recherchen dieser Zeitung sagte eine Zeugin direkt nach dem Mord aus, sie habe zwei Männer mit einem Fahrrad wenige Minuten vor dem Mord am Tatort beobachtet. Sie erklärte, sie habe einen der Männer ›für einen Junkie bzw. einen Nazi‹ gehalten. Die Spur wurde von der Sonderkommission den Informationen zufolge jedoch nicht verfolgt. In den Sachstandsberichten der Polizei nach dem Mord verschwand das Wort ›Nazi‹ nach und nach. Es ist zunächst noch von einem deutschen Junkie die Rede, später von einem möglicherweise Drogenabhängigen, den die Zeugin gesehen habe. Ermittelt wurde vor allem gegen Ausländer... Vor diesem Hintergrund erscheint die Auswahl des Tatortes im Dortmunder Norden nicht zufällig. Die NSU-Terroristen schlugen in einem Kiosk zu, der zwischen den Kneipen ›Deutscher Hof‹ und ›Thüringer Hof‹ lag. Dort trafen sich fast alle Gewalttäter aus dem Dortmunder Neonaziumfeld. Laut einer Quelle aus dem Verfassungsschutz liege es nahe, dass der Mord ein Fanal an die Dortmunder Gesinnungsgenossen sein sollte, Migranten zu töten.« (WAZ vom 17.2.2013)

Drei Tage vor dem Mord an Mehmet Kubaşık traf sich der Neonazis und V-Mann Toni Stadler mit NSU-Mitglied Uwe Mundlos in der Dortmunder Mallinckrodtstraße, wenige Hundert Meter vom Mordtatort entfernt. (http://www.re-guben.de/?p=302)

2006 – Kassel

Halit Yozgat. »Halit Yozgat hat sein Internet-Café an der Holländischen Straße in Kassel eben erst eröffnet – mit dem geliehenen Geld seines Vaters. Am Nachmittag des 6. April 2006 sitzen vier Gäste vor den Computern und surfen im Internet. Unbemerkt feuert der Killer zwei Schüsse auf den 21-jährigen Deutschtürken ab. Tödlich getroffen bricht der junge Mann zusammen. (...) Zwei Wochen nach der Tat nehmen die Fahnder einen Verdächtigen fest – einen Mitarbeiter des hessischen Verfassungsschutzes, wie jetzt bekannt wurde. Der Mann hatte sich trotz mehrfachen Fahndungsaufrufs nicht bei der Polizei gemeldet, bestätigt Oberstaatsanwalt Hans-Manfred Jung SPIEGEL ONLINE.« (Spiegel-online vom 14.07.2006)

Die zur Aufklärung der Morde eingerichteten Sonderkommissionen der Polizei bekamen Namen wie »Simsek«, »Schneider« und »Halbmond«– und die 2005 eingerichtete Aufbauorganisation (BAO), mit 160 Beamte ausgestattet, den richtungsweisenden Namen »Bosporus«. Soweit auch die Orte auseinanderlagen, so verschieden auch die Bundesländer waren, wo die Morde begangen wurden – der Ermittlungsauftrag war klar ab- also eingegrenzt: Man suchte Täter im ›organisierten Verbrechen‹, im ›geschäftlichen‹ Umfeld der Opfer. Das tat man über sechs Jahre lang, obwohl es dafür keinerlei Hinweise gab.

Die Polizei forderte immer wieder zur Mithilfe bei der Aufklärung der Morde auf – in eine einzige Richtung: »Ein wichtiger Ansatzpunkt zur Aufklärung der Taten sind Hinweise auf Verbindungen zwischen den Opfern.« (Presseerklärung der Hamburger Polizei vom 18.7.2007)

Obwohl bis heute behauptet wird, man habe in *alle* Richtung ermittelt, ist bis heute kein einziger Aufruf bekannt, der um Hinweise bat, die einen möglichen rassistischen, neonazistischen Hintergrund der Morde betreffen.

Die seit 2005 arbeitende Sonderkommission ›Bosporus‹ erklärte zwar, dass sie Dunkeln tappe – dafür hatte sie jedoch eine klare Ermittlungsrichtung: »Es bleiben Vermutungen, Arbeitsansätze, wie es die Soko ›Bosporus‹ nennt. Wahrscheinlich handelt es sich um zwei Täter. Sie sind Profis, werden möglicherweise extra aus der Türkei eingeflogen für ihre Tat. Nie wurde auch nur ein Cent geraubt. Die Opfer sind nicht zufällig gestorben, wenn es auch möglicherweise tödliche Verwechslungen gab. Sie waren vielleicht letzte Glieder einer

Kette, Geldwäscher eines Drogenrings womöglich, die einen Fehler gemacht hatten, der sie das Leben kostete. Und welche Rolle spielt eine geheimnisvolle Im- und Exportfirma in Istanbul?« (Hamburger Abendblatt vom 30.5.2006)

Der NSU-Untersuchungsausschuss in Bayern hält dazu fest:

»Nach bisherigen Erkenntnissen hat – bis zur Profiler-Analyse im Jahr 2005 – kein einziger Ermittler der Polizei einen möglichen fremdenfeindlichen Hintergrund der Mordtaten untersucht. Bis zu diesem Zeitpunkt waren die meisten der Morde bereits geschehen. Bei den Ermittlungen in Richtung ›Organisierte Kriminalität‹ steckte die Polizei zwar schnell in einer Sackgasse, sie wurden aber dennoch mit großer Phantasie und Aufwand fortgeführt. (...) ›Wir erhoffen uns von den Zeugen Aufklärung zu verdeckten Ermittlungsmaßnahmen, insbesondere im Hinblick auf die Opferangehörigen. Medienberichten zufolge hat die Polizei Verdeckte Ermittler, getarnt als Privatdetektive und Journalisten, gezielt auf die Hinterbliebenen angesetzt, um die vermeintliche ›Mauer des Schweigens‹ zu durchbrechen‹, erklären Franz Schindler (SPD), Prof. Dr. Michael Piazolo (FREIE WÄHLER) und Susanna Tausendfreund (Bündnis90/Die Grünen).« (Pressemitteilung des NSU-Untersuchungsausschusses in Bayern vom 18.2.2013)

Offener Brief der Schwester des 2001 in Hamburg ermordeten Süleymann Tasköprü, Aysen Tasköprü (2013)

»Am 18.2.2013 lud Bundespräsident Joachim Gauck die Hinterbliebenen von Opfern der NSU-Mordserie zu einem Gedankenaustausch ein. Die Schwester des 2001 in Hamburg ermordeten Süleymann Tasköprü, Aysen Tasköprü, sagte Gauck in einem Brief ab:

»Sehr geehrter Herr Bundespräsident Gauck, vielen Dank für die Einladung. Ich habe über meine Anwältin gehört, dass Sie nicht wünschen, daß die Rechtsbeistände der Nebenkläger bei dieser Einladung dabei sind. Sie möchten nur Ihre Empathie ausdrücken, aber keine Anwälte auf diesem Treffen sehen. Es wäre empathisch von Ihnen gewesen, nicht darauf zu bestehen, dass ich alleine ins Präsidialamt komme. Ich fühle mich dem nicht gewachsen und werde daher Ihre Einladung nicht annehmen können. Da Sie ja aber so daran interessiert sind, wie es uns geht, werde ich Ihnen gerne schildern, wie es uns geht. Im Sommer 2001 töteten die Neonazis meinen Bruder. Im Spätsommer 2011 – zehn Jahre später – klingelte die Kripo bei mir. Sie brachten mir die persönlichen Gegenstände meines Bruders. Ich fragte die Beamtin, warum jetzt die Sachen kämen; ob es etwas Neues gibt. Sie sagte nur, man habe nur vergessen mir die Sachen zurückzugeben. Dann ging sie wieder. Ich habe stundenlang vor den Sachen meines toten Bruders gesessen; ich habe tagelang gebraucht, um mich zu überwinden meinen Eltern davon zu erzählen, dass seine Sachen wieder da sind. Ich war völlig am Ende. (...) Ich wurde 1974 in der Türkei geboren; seit 1979 lebe ich in Deutschland. Ich bin hier zur Schule gegangen, habe meine Ausbildung gemacht und gearbeitet. Mein Sohn wurde hier geboren und ich fühlte mich als Deutsche mit türkischen Wurzeln. Noch im März 2011 konnte ich darüber lachen, als eine Sachbearbeiterin im Rathaus zu meinem Sohn sagte, er sei kein Deutscher. Der Kleine war ganz erstaunt und erklärte ihr sehr ernsthaft, dass er sehr wohl Deutscher sei, er habe schließlich einen deutschen Pass. Wie gesagt, ich lachte und sagte meinem Sohn, ich würde ihm das zu Hause erklären. Heute kann ich darüber gar nicht mehr lachen. (...) Ich bin nur noch unendlich traurig und fühle mich wie betäubt. Ich habe auch keine Heimat mehr, denn Heimat bedeutet Sicherheit. Seitdem wir wissen, dass mein Bruder ermordet wurde, nur weil er Türke war, haben wir Angst. Was ist das für eine Heimat, in der du erschossen wirst, weil deine Wurzeln woanders waren? (...) Alles was ich noch möchte, sind Antworten. Wer sind die Leute hinter dem NSU? Warum ausgerechnet mein Bruder? Was hatte der deutsche Staat damit zu tun? Wer hat die Akten vernichtet und warum?

Und noch eins zum Schluss: die Menschen, die sich jetzt mit einem Bild von meinem Bruder zeigen, die behaupten, uns zu kennen und in unserem Namen zu sprechen: wo wart ihr 2001? Meine Nichte ist nicht erst seit 2011 Halbwaise, mein Bruder ist nicht durch seine Ermordung zu einem anderen Menschen geworden. Für uns klingt das wie Hohn. Damals hat niemand um meinen Bruder getrauert. Heute ist er Euch auf einmal so wichtig.

Und auch Ihnen, Herr Bundespräsident Gauck, ist mein Bruder doch nur wichtig, weil die NSU ein politisches Thema in Deutschland ist. Was wollen Sie an unserem Leid ändern? Glauben Sie, es hilft mir, wenn Sie betroffen sind? Ich würde mir wünschen, dass Sie als erster Mann im Staat mir helfen könnten, meine Antworten zu finden. Da helfen aber keine empathischen Einladungen, da würden nur Taten helfen. Können Sie mir helfen? Wir werden sehen.

Mit freundlichen Grüßen
Aysen Tasköprü«

(Hamburger Abendblatt vom 16.2.2013)

Brief an den NSU-Untersuchungsausschuss.
Auszüge aus dem Schreiben einer kurdischen Mitbürgerin
aus Köln (2013)

»Ich habe gelesen, dass demnächst Otto Schilly vor Ihrem Untersu-
chungsausschuss angehört und es dabei wieder um die Keupstraße
gehen wird. Ich möchte diese Gelegenheit nutzen, um zu berichten,
welche Auswirkungen die politische Entscheidung, nicht mehr gegen ein rechtsextremistisches Milieu zu ermitteln, damals nach dem
Nagelbombenanschlag für mich als kurdische Anwohnerin der Keupstraße hatte.

Am 9. Juni 2004 war ich mit meinem 7-jährigen Sohn zu Hause.
Ich hörte einen lauten Knall und dachte es sei ein Erdbeben. Ich ging
ans Fenster und sah Menschen hin und her rennen und hörte Schreie.
(...) Nach zwei Stunden stürmte plötzlich die Polizei, ohne klingeln,
meine Wohnung. Sie brachen zwei Türen auf und durchsuchten meine
Wohnung. Wie ich später erfuhr, wurde auch die Wohnung meines Mannes, von dem ich damals bereits getrennt lebte, auf dieselbe
Weise durchsucht. Die Polizei sagte mir, dass ich bzw. mein Mann verdächtigt werden, eine Bombe gelegt zu haben. Als Grund gaben sie
an, dass ich Kurdin sei und deswegen verdächtigt werde, mit der PKK
zu tun zu haben. Bei vielen meiner Bekannten und Freunde wurde
auch die Wohnung durchsucht. Stundenlang durfte ich mich nicht
bewegen. Mein Sohn musste ebenfalls unbeweglich bei mir sitzen.
Die gesamte Wohnung wurde von der Polizei auf den Kopf gestellt.
Irgendwann gingen die Beamten wieder. Die beiden aufgebrochenen
Türen sind nie von der Stadt ersetzt oder repariert worden.

Das gleiche ist bei vielen kurdischen Familien und vielen anderen Bewohnern auf der Keupstraße geschehen. Die Begründungen
waren wahlweise PKK, Geldwäsche, Drogenhandel und viele andere
Gründe. Nur Nazis als Täter wurden ausgeschlossen. (...)

Seit diesem Tag bis heute leiden ich und mein Sohn unter Angst-
zuständen. Drei Jahre lang habe ich wegen dem Schock der Bombe
und dem darauffolgenden Polizeiüberfall in meiner Wohnung eine
Therapie gemacht. Mein Sohn zwei Jahre lang. Wir haben Angst vor
der Polizei und davor, dass wieder jemand in die Wohnung einbre-
chen könnte.

Ehemalige Bekannte und Nachbarn gingen damals und in den folgenden Jahren auf Abstand zu mir und meiner Familie. Obwohl die meisten Bewohner der Keupstraße genau wie ich dachten, dass so eine schreckliche Tat nur von Neonazis begangen worden sein konnte, vermuteten dennoch viele, wo Rauch ist, muss auch Feuer sein. Selbst Freundschaften zerbrachen. Erst seit Ende 2011 klar ist, wer wirklich hinter den Anschlägen steckte, nämlich deutsche Neonazis, kommen die Menschen langsam wieder auf mich zu. Ich selber habe nur aus der Zeitung erfahren, wer die wahren Täter sind, von offizieller Seite gab es keine Benachrichtigung oder irgendein Schreiben des Bedauerns. Ich weiß auch nicht, ob es ein offizielles Ermittlungsverfahren gegen mich gab und, wenn ja, ob dieses eingestellt wurde. (...)

Die Polizei hat bei unschuldigen Menschen ihre Wohnungen und ihr Leben auseinander genommen. Ich wüsste gern, wie viele Nazi-Wohnungen 2004 durchsucht worden sind. Ich erwarte eine offizielle Entschuldigung. Ich wünsche mir, dass wir endlich als Teil dieser Gesellschaft gesehen werden. Das wünsche ich mir.

Mit freundlichen Grüßen,
(...) «

(neues deutschland vom 16.3.2013)

Literatur und Hinweise

Zeitleiste zur NSU
http://nsu-watch.apabiz.de/zeitleiste/

NSU-Watchblog
Das NSU-Watchblog wird herausgegeben und redaktionell betreut vom apabiz e.V. Ziel ist es, die unabhängige Aufklärung rund um die Terrorzelle des „Nationalsozialistischen Untergrundes" (NSU) und ihrer rassistischen Morde voranzutreiben.

NSULeak
https://nsuleaks.wordpress.com/2012/07/13/erkenntnisse-lfv-thuringen-30-11-2011/#more-88

Geheimdienste abschaffen
http://www.facebook.com/GeheimdiensteAbschaffen

Kolumnen von Mely Kiyak
Liebes Schweigen im Land, Lieber NSU-Ausschuss, Lieber Neofaschismus

Schmerzliche Heimat - Deutschland und der Mord an meinem Vater
Semiya Simsek, (Tochter des Neonazi-Opfers Enver Simsek), Rowohlt, 2013

rassistische, neonazistische Gewalt: Geschönte Opferzahlen
NDR-Fernsehen vom 30.1.2013: http://www.ndr.de/regional/dossiers/der_norden_schaut_hin/opferzahlen101.html

Nato's geheime Armee
Daniele Ganser: NATO's Secret Armies: Operation Gladio and Terrorism in Western Europe: An Approach to NATO's Secret Stay-Behind Armies. Cass, London 2005, ISBN 3-8000-3277-5, S. 25)

Gladio - Geheimarmeen in Europa
Über das Gladio-Programm gibt es auch eine sehr gute Dokumentation bei ARTE aus dem Jahr 2010: http://www.youtube.com/watch?v=RKn27C9XVh8

Die Nato und ihre Geheimarmeen
Vortrag an der Universität in Basel, 14. September 2009, als Video-Beiträge mit zwölf Kapiteln verfügbar: http://edvan.fadeout.ch/ref/?customerId=30&channelId=43&broadcastId=279&wide=

»Gladio« auch in Luxemburg? Das geheime NATO-Netzwerk und ein Strafprozeß
Arnold Schölzel, Junge Welt vom 22.3.2013

Geschichte, Rassismus und das Boot, autonome L.U.P.U.S. –Gruppe, Edition ID-Archiv, Berlin 1992

Lichterketten und andere Irrlichter – Texte gegen finstere Zeiten, autonome L.U.P.U.S.-Gruppe, Edition ID-Archiv, Berlin 1994

Von >Wir sind ein Volk< zum Pogrom, von der Abschaffung des Asylrechts zum
>nützlichen< Ausländer – Ein Rückblick auf 20 Jahre Deutschland
http://wolfwetzel.wordpress.com/2007/08/02/vom-pogrom-der-abschaffung-
des-asylrechts-zum-nuetzlichen-auslaender/

In Dresden demonstrieren Polizei- und Landesführung lange vor den Neonazis 2010
http://wolfwetzel.wordpress.com/2010/01/25/25-1-2010-dresden-zwischen-
1945-und-2010/

Der elektronische Polizeikessel – Dresden 2011
http://wolfwetzel.wordpress.com/2011/09/06/der-elektronische-polizeikessel/

Die Praktiken von Staats- und Verfassungsschutz am Beispiel Hamburg
Broschüre 1980

Ein V-Mann, den es gar nicht gibt (2009)
http://wolfwetzel.wordpress.com/2008/07/03/3-7-2009-ein-v-mann-den-es-
gar-nicht-gibt/

SPITZEL - Eine kleine Sozialgeschichte
Markus Mohr, Klaus Viehmann, Verlag Assoziation A, 2004

Richtlinien zum Outing von Spitzeln
Eine von mehreren Berliner Gruppen getragene Erklärung für einen kollektiven
und überprüfbaren Umgang mit (möglichen) Spitzeln, https://linksunten.
indymedia.org/de/node/81997

Im Schutz der Mitte - der NPD-Aufmarsch in Frankfurt am 7.7.2007
http://wolfwetzel.wordpress.com/2007/07/11/im-schutz-der-mitte-der-npd-
aufmarsch-in-frankfurt-am-772007/

Antifaschistische Bewegungslehre
http://wolfwetzel.wordpress.com/2011/05/12/bwegungslehre/#more-2526

Es geht nicht darum, einen guten Verfassungsschutz zu haben, sondern gar keinen
http://wolfwetzel.wordpress.com/2008/09/20/es-geht-nicht-darum-einen-
guten-verfassungsschutz-zu-haben-sondern-gar-keinen/

Das braune Netz - Naziterror – Hintergründe, Verharmloser, Förderer
Markus Bernhardt, Papyrossa Verlag, 2012

Rechter Terror in Deutschland - Eine Geschichte der Gewalt
Olaf Sundermeyer, C.H.BECK, 2012

Kontrollverluste. Interventionen gegen Überwachung
Leipziger Kamera. Initiative gegen Überwachung (Hg.), Unrast Verlag 2009

Gegnerbestimmung. Sozialwissenschaft im Dienst der >inneren Sicherheit<
Markus Mohr, Hartmut Rübner, Unrast Verlag 2012

Zum Autor

Wolf Wetzel war Autor der ehemaligen autonomen L.U.P.U.S.-Gruppe, in den 90er Jahren Mitglied im antirassistischen Plenum/Frankfurt, Mitinitiator des Aufrufes ›*Die Brandstifter sitzen in Bonn*‹ (Bundestagblockade anlässlich der Abschaffung des Asylrechtes 1993), und zwischen 2001 und 2007 Mitglied in der AntiNazi-Koordination/ANK in Frankfurt. Seit 2011 Vorstandsmitglied von Business Crime Control/BCC Frankfurt.

Texte und Beiträge des Autors zu diesem Thema finden sich hier:
Antinazikoordination/ANK Frankfurt
Arranca Nr. 45
BIG Business Crime Nr.1/2012
NachDenkSeiten
Radio Corax, Halle
Indymedia
Indymedia links-unten

ver.di und Migrationsausschuss in Frankfurt: *Runder Tisch gegen den Naziterror am 31.8.2012*
Stadt Jena: *Sie kamen von hier*, Tagung am 13.10.2012
Aktionsnetzwerk gegen Rechtsextremismus/Jena: *NSU – Blinder oder tiefer Staat* (18.10.2012)
ALB/Berlin: *Der NSU-VS-MAD-LKA-Skandal*, Veranstaltungsreihe (19.11.2012)
ACC Weimar: *Im Tal der Ahnungslosen* (17.1.2013)

Mitautor:
1991 erschien in der Edition ID-Archiv der Textbeitrag: ›*Doitsch-stunde – Orginalfassung mit autonomen Untertiteln*, in dem Buch: ›*Metropolen(gedanken) & Revolution?*‹
1992 erschien in der Edition ID-Archiv das Buch: *Geschichte, Rassismus und das Boot - Wessen Kampf gegen welche Verhältnisse*

1994 erschien in der Edition ID-Archiv das Buch: *Lichterketten und andere Irrlichter – Texte gegen finstere Zeiten*
2001 erschien im Unrast-Verlag das Buch: *>Die Hunde bellen … Von A bis (R)Z. Eine Zeitreise durch die 68er Revolte und die militanten Kämpfe der 70er bis 90er Jahre<*

Autor:
2002 erschien im Unrast-Verlag das Buch: *Krieg ist Frieden. Über Bagdad, Srebrenica, Genua, Kabul nach …*
2008 erschien im Unrast-Verlag das Buch: *Tödliche Schüsse - Eine dokumentarische Erzählung*
2012 erschien im Verlag Edition Assemblage das Buch: *Krise des Kapitalismus und krisenhafte Proteste*
2012 erschien im Unrast-Verlag, Münster das Buch: *Aufstand in den Städten. Krise, Proteste, Strategien*
2012 erschien im LAIKA-Verlag, Hamburg, in der Reihe Bibliothek des Widerstandes das DVD-Buch: *Wir wollen alles – der Beginn einer Bewegung* (Band 21), Häuserkampf I (von 1970 – 1985)
2013 erscheint im LAIKA-Verlag, Hamburg, mit Andrej Holm zusammen das DVD-Buch: *>Besetzen lohnt sich – bleiben auch< – Häuser- und Stadtkämpfe von 1985 – morgen* (Band 26)

Weitere Texte zum Komplex Nationalsozialistischen Untergrund (NSU)/Verfassungsschutz/Geheimdienste finden sich hier: http://wolfwetzel.wordpress.com/category/02-bucher/der-nsu-vs-im-komplex/

Wer dem Autor vertrauliche Informationen zukommen lassen möchte, verwende bitte den auf der Homepage unter >Kontakt< abgelegte pgp-Schlüssel: Mit diesem kann er/sie eine Nachricht verschlüsseln und an den Autor senden:
Homepage: https://wolfwetzel.wordpress.com/kontakt/

Anfragen für Buchlesungen, Diskussionen etc. bitte an die Verlagsadresse oder direkt an:
wolfwbox-mail@yahoo.de

Markus Mohr / Hartmut Rübner

Gegnerbestimmung

Sozialwissenschaft im Dienst
der »inneren Sicherheit«

288 Seiten | 16.80 Euro | ISBN 978-3-89771-499-1

Der Verfassungsschutz drängt seit Jahren verstärkt in
den öffentlichen Raum. In der Publizistik und Ein-
richtungen der politischen Bildung, aber auch in den
universitären Sozialwissenschaften, finden sich immer
mehr MitarbeiterInnen des Nachrichtendienstes. Ihre
Tätigkeit soll dem »Extremismusansatz« allgemeine
Akzeptanz verschaffen. Das Extremismuskonstrukt ist
allerdings nichts anderes als die grundlegende Legitimation der Verfassungsschutzbehörden. Wenn nun
der geheimdienstlich beförderte »Extremismus«-
Diskurs in der sozialwissenschaftlichen Forschung ak-
zeptiert und vertreten wird, kann mit Fug und Recht
von einer »Sozialwissenschaft im Dienst der inneren
Sicherheit« gesprochen werden.

*Leipziger Kamera.
Initiative gegen Überwachung (Hg.)*

Kontrollverluste

Interventionen gegen Überwachung

256 Seiten | 18 Euro | ISBN 978-3-89771-491-5

Kontrollverluste versammelt Beiträge zu Fragen einer
emanzipatorischen und praktischen Kritik an der
aktuellen Überwachungsgesellschaft. Es führt sehr
unterschiedliche Strategien und Perspektiven der
linken Überwachungskritik zusammen. Kritische
WissenschaftlerInnen, AktivistInnen und Initiativen
stellen theoretische, aber vor allem strategische und
aktionsorientierte Überlegungen an, reflektieren ihre
Handlungserfahrungen und beleuchten Probleme
und Potenziale von Bewegung(en) gegen immer
mehr Überwachung und Kontrolle.

UNRAST Verlag • Postfach 8020 • 48043 Münster

www.unrast-verlag.de • E-Mail: info@unrast-verlag.de

UNRAST

wir
schauen
nazis
genau
auf
die
finger

Recherche. Analyse. Perspektive.

Der rechte Rand der Gesellschaft steht im Blickfeld des antifaschistischen Magazins, das über Ereignisse berichtet, Entwicklungen aufzeigt und Akteure porträtiert – und das alle zwei Monate, über rechte Parteien, Kameradschaften, Think Tanks, Webportale, Magazine und Verlage, Musikbands und Label, Aufmärsche und Tagungen, Themen und Kampagnen … national sowie international.

Fundierte und prägnante Recherchen und Analysen lenken die Aufmerksamkeit auch auf unterbelichtete oder ausgeblendete Aspekte. Das Magazin zeigt, wie der rechte Rand gesellschaftlich verankert sein kann und an Themen der gesellschaftlichen ‚Mitte' anknüpft.

Das Magazin der rechte rand ist ein antifaschistisches Non-Profit-Projekt, initiiert 1989 und stets getragen von unterschiedlichsten Menschen, die eint, politisch Aktiven und Interessierten fundierte Recherchen, Analysen und Perspektiven zu liefern, um sie in ihrem Engagement zu unterstützen.

der rechte **rand**
magazin von und für antifaschistInnen